Treasures for Scholars Worldwide

師顧堂叢書

蔣鵬翔　沈楠　主編

金澤文庫本

春秋經傳集解

二

僖公

〔晋〕杜預　注

广西师范大学出版社
GUANGXI NORMAL UNIVERSITY PRESS
·桂林·

左傳集解

正丨日魯世家丨丨丨名申莊公之子閔公庶兄其母成風

母成風也恵王十八年即位謚法小心畏忌日僖家

公 史文十 才元

正一曰魯世家一一名申莊公之子閔公庶兄其母成風
母成風也恵王十八年即位謚法小心畏忌日忌僖家

春秋經傳集解僖上第五　杜氏　盡十五年

公 夫文十 才元

正十年

經元年春王正月齊師宋師曹師次于聶北救邢 齊師諸侯之師救邢次於聶北者案兵觀釁以待事也次例在莊三年聶北邢地 夏六月邢遷于夷儀 邢遷如歸故以自遷為辭也夷儀邢地也 齊師

（釁　許覲反）（聶　女輒反）

莊三年經三冬公次于滑傳云過信為次

過信爲次

閔二年傳云
閔公之死也
哀姜與知之
故孫于邾
齊人取而
殺之于夷
以其尸歸

于夷儀　爲諱也　夷儀邢地也　齊師
宋師曹師城邢　傳例曰救患分災
礼也一事而再列
三國於文不可
言諸侯師故也　秋七月戊辰夫人
姜氏薨于夷齊人以歸　傳在閔二
年不言齊
人殺諱之也書地
者明在外薨也　楚人伐鄭　荊始
改號
曰楚
也　八月公會齊侯宋公鄭伯曹
檉宋地也陳國陳縣

也

伯邾人于檉檉宋地也陳國陳縣西北有檉城公及其

會而不書盟還不以盟告九月公敗邾師于偃

偃邾地也冬十月壬午公子友帥師敗

莒師于酈獲莒挐酈魯地挐莒子之弟也不書弟

者非卿也非卿則不應書嘉季友之功故特書其所獲也大夫生死

皆曰獲

之功故特書其所獲也大夫生死皆曰獲例在昭廿三年十有二月丁巳夫人
氏之喪至自齊僖公請而葬之故告于廟而書喪至也齊侯既殺哀姜以其尸歸絕之於魯僖公請其喪而還也不稱姜闕文也

傳元年春不稱即位公出故也國亂身出復入故即位

元年春不稱即位公出故也身出

復入故即位之禮有闕也公出復入不書諱之也諱國惡禮也權惡揜美義存君親故通有諱例皆當時臣子率意而隱故無深淺常準聖賢從之以通人理有時而聽之可也

諸侯救邢實大夫而曰諸侯總衆國之辭也

邢人潰出奔師奔聶北之師也邢潰不書不告也

師遂逐狄人具邢器用而遷之

邢人潰出奔師　潰不書不告也

師遂逐狄人具邢器用而而遷之

師無私焉　皆備具遷之無所私取也　夏六月邢

遷于夷儀諸侯城之救患也凡侯

伯救患分災討罪礼也　侯伯州長也分穀帛

也　秋楚人伐鄭〻即齊故也盟于

[illegible]

秋楚人伐鄭鄭即齊故也盟于

犖謀救鄭也犖即檉也地有二名九月公敗

邾師于偃虛丘之戍將歸者也虛丘

邾地也邾人既送哀姜還齊人殺之因戍虛丘欲以侵魯公以義求

齊齊送姜氏之喪邾人懼乃歸故公要而敗之也冬莒人

來求賂求還慶父之賂也公子友敗諸酈

之賂也
獲莒子之弟挐非卿也嘉獲之也
莒既不能為魯討慶父受魯之賂
而又重來其求無厭故嘉季友之
獲而書　公賜季友汶陽之田及費
之也
汶陽田汶水北地汶水出
泰山萊蕪縣西入濟也
夫人之
喪至自齊君子以齊人之殺哀姜

喪至自齊君子以齊人之殺哀姜
也為已甚矣女子從人者也言女子有
三從之義在夫家有罪
非父母家所宜討也

經二年春王正月城楚丘楚丘衛邑也不言城
衛ゝ未遷也
夏五月辛巳葬我小君哀
姜無傳反哭成喪故稱小君例在定十五年虞師晉師
滅下陽虢之邑在河東大陽

定十五年
傳云ゝ蔡
定以稱小

小君例在定十五年

傳云〻蔡定以稱小君不成喪也

滅下陽下陽虢邑也在河東大陽縣晉於此始赴見經滅例

襄十三年傳云用大師焉曰滅

在襄十三年也秋九月齊侯宋公江人黃人盟于貫貫宋地也梁國蒙縣西北有貫城貫與貫字相似江國在汝南安陽縣也

古乱反

市夜反又古丸反

冬十月不雨傳在三年

三年傳云〻春不雨夏六月雨十月不雨至于五月不曰不為災

楚人侵鄭

人侵鄭

傳二年春諸侯城楚丘而封衛焉　若死

國滅故傳不書所會後也諸侯既

言封也罷而魯

後至諱不及明故晉荀息請以屈

以獨城為文也

產之乘與垂棘之璧假道於虞以

伐虢荀息荀叔也屈地生良馬垂

棘出美玉故以為名也四馬

曰乘自晉適虢塗

棘出美玉故以爲名也四馬
曰乘自晉適虢途
出於虞故借道也
公曰是吾寶也
對曰若得道於虞猶外府也公曰
宮之奇存。宮之奇
虞忠臣
對曰宮之奇之
爲人也懦而不能強諫懦弱且少
長於君君暱之雖諫將不聽親而
狎之
少輕其

長於君之暱之雖諫將不聽狎之
少輕其言也
乃使荀息假道於虞曰冀
為不道入自顛軨伐鄍三門前是冀伐
虞至鄍〻虞邑也河東大
陽縣東北有顛軨坂也
冀之既
病則亦唯君故言虞報伐冀使病
也將欲假道故稱
虞強以誑其心冀國名也平
陽皮氏縣東北有冀亭也今虢

抄初孝反又楚稍反又絞取掠

陽皮氏縣東北有冀亭也今虢
爲不道保於逆旅逆旅客舍也虢稍遣人分依客舍以聚衆抄晉邊邑也以侵敝邑之南鄙敢
請假道以請罪于虢問虢伐己以何罪也虞
公許之且請先伐虢壽於厚賂而欲求媚也
宮之奇諫不聽遂起師夏晉里克

唱 本作
或説 本眞誤 歟

宮之奇諫不聽遂起師夏晉里克
荀息帥師會虞師伐虢滅下陽晉猶
主兵不信虞也先書虞賄故也虞非倡兵之首而先
書之惡貪賄也秋盟于貫服江黃也江黃楚與
國也始來服齊故為合諸侯也齊寺人貂始漏師
于多魚寺人內奄官豎貂也多魚地名闕齊桓多嬖寵內則

多魚地名闕。齊桓多嬖寵、内則
如夫人者六人、外則幸豎貂・易牙
之等、終以此亂國。傳言貂於此始
擅（時戰反）貴寵、漏泄（息列反、又以制反）桓公軍
事、為齊亂張本也。虢公敗戎于桑（或本有陝字）
田。桑田、虢地也。在弘農陝縣東北也。晉卜偃曰、虢必
亡矣。亡下陽不懼、而又有功、是天
奪之鑒。鑑所以自照也。而益其疾也。驕則生疾。

鑒所以鑒自照也　而益其疾也　未疾
也　必易晉而不撫其民矣不可以
五稔　稔熟也為下五年　晉滅虢張本也　冬楚人伐
鄭鬭章囚鄭聃伯　經書侵傳言伐　本以伐興權行
侵掠也為後年楚伐　鄭鄭伯欲成張本也
經三年春王正月不雨夏四月不雨
一時不雨則書首月傳

經三年春王正月不雨夏四月不雨

一時不雨則書首月傳例曰不日旱不為災也

徐人取舒

無傳徐國在下邳僮縣東南舒國今廬江舒縣也勝國而不用大師亦曰取例在襄十三年

六月雨

亦旱不竟夏

秋齊侯宋公江人黃人會于陽穀

陽穀齊地在東平須昌縣北

冬公子友如齊莅盟

莅臨

襄十三年傳云、夏邿亂分為三師救邿遂取之凡書取言易也

昌縣北　冬公子友如齊涖盟　涖臨
也　楚人伐鄭

傳三年春不雨夏六月雨自十月不
雨至于五月不曰旱不為災也　周六
月夏四月於播五稼無損也　秋會于陽穀謀伐
楚也　二年楚侵鄭故也　齊侯為陽穀之會

楚也鄭故也齊侯爲陽穀之會
来尋盟冬公子友如齊涖盟公時不會
陽穀故齊侯自陽穀遣人詣魯求
尋盟魯使上卿詣齊受盟謙也
楚人伐鄭々伯欲成孔叔不可曰
齊方懃我孔叔鄭大夫也懃恤鄭難也棄德不
祥祥善也齊侯與蔡姬乘舟于囿蕩

秋也齊侯與蔡姬乘舟于囿蕩

公蔡姬齊侯夫人也蕩搖也囿苑也蓋魚池在苑中也公懼

變色禁之不可公怒歸之未之絕

也蔡人嫁之為明年齊侵蔡傳也

經四年春王正月公會齊侯宋公陳

侯衛侯鄭伯許男曹伯侵蔡蔡潰

文三年傳云
春莊叔會
諸侯之師
伐沈云々沈
潰民逃其
上曰潰云々

侯衛侯鄭伯許男曹伯侵蔡々潰
民逃其上曰潰例在文三年也遂伐楚次于陘遂兩
事之辭也楚强齊欲綏之以德故
不速進而次陘々楚地潁川召陵
縣南有陘亭也夏許男新臣卒未同盟而赴以名也
楚屈完來盟于師盟于召陵屈完楚大
夫也楚子遣完如師以觀齊屈完
覩齊之盛因而求盟故不稱使以

袁陳大夫氏也本或作轅

宣七年傳云夏公會齊侯伐萊云云凡師出与謀曰及云云

覩齊之盛因而求盟故不稱使以完来盟為文也齊桓退舎以礼楚故盟召ゝ陵ゝ潁川縣也

齊人執陳轅濤塗轅濤塗陳大夫也秋及江人黄人伐陳受齊命討陳之罪而以與謀為文者時齊不行使魯為主也與謀例在宣七年八月公至自伐楚無傳告于廟也葬許穆公冬十有二月公孫茲帥師

楚于庿也葬許穆公冬十有二月
公孫茲帥師會齊人宋人衛人鄭
人許人曹人侵陳公孫茲叔牙子叔孫戴伯也
傳四年春齊侯以諸侯之師侵蔡
潰遂伐楚楚子使與師言曰君處
北海寡人處南海唯是風馬牛不

北海寡人處南海唯是風馬牛不
相及也楚界猶未至南海因齊處北海遂稱所近也牛馬風
逸蓋末界之徼事故以取喻也不虞君之涉吾地
也何故管仲對曰昔召康公命我
先君大公召康公周大保召公奭也曰五侯九
伯汝實征之以夾輔周室五等諸侯九州

伯汝實征之以夾輔周室　侯・九州之伯・皆得征討其罪也　齊桓・因此命以夸楚也

賜我先君履東至于海西至于河南至于穆陵北至于無棣　穆陵無棣皆齊境也　履所踐履之界　齊桓又因以自言其盛也

爾貢苞茅不入王祭　不供無以縮酒寡人是徵　苞裹也　束也茅

共々恭本又作供下及注ゝ

不供無以縮酒寡人是徵束茅也
菁茅也束茅而灌之以酒為縮酒
尚書苞匭菁茅之為異未審也
昭王南征而不復寡人是問昭王成王
之孫也南巡狩渉漢船壊而溺周
人諱而不赴諸侯不知其故故問
之也
對曰貢之不入寡君之罪也敢
不供給昭王之不復君其問諸水

昭

不供給昭王之不復君其問諸水
濱照王時漢非楚境故不受罪也師進次于郅楚不
服罪故復進師也夏楚子使屈完如師如郅
之師觀彊弱也師退次于召陵完請盟故也齊
侯陳諸侯之師與屈完乘而觀之
乘共載也齊侯曰豈不穀是爲先君之

載也齊侯曰豈不穀是為先君之
好是繼與不穀同好如何言諸侯
之附從
非為己乃尋先君之好謙而自廣
曰求與楚同好也孤寡不穀諸侯
謙稱
對曰君惠徼福於敝邑之社
也
稷辱收寡君寡君之願也齊侯曰
以此衆戰誰能禦之以此攻城何

漢以爲池　本或作漢水以爲池水衍字也

以此衆戰誰能禦之以此攻城何
城不克對曰君若以德綏諸侯誰
敢不服君若以力楚國方城以爲
城漢水以爲池方城山在南陽葉縣南以言竟土之（葉 始涉反）
遠也漢水出武都至江夏南入江言其險固以當城池也衆
無所用之屈完及諸侯盟陳轅濤

無所用之屈完及諸侯盟陳轅濤
塗謂鄭申侯曰師出於陳鄭之間
國必甚病申侯鄭大夫也當有供給之費故也若
出於東方觀兵於東夷循海而歸
其可也東夷郯莒徐夷也觀兵示威也申侯曰善
濤塗以告齊侯許之許出東方也申侯

濤塗以告齊侯許之　方也　申侯
見曰師老矣若出於東方而遇敵
懼不可用也若出於陳鄭之間共
其資糧屝屨其可也　屝草屨也　齊侯說
與之虎牢　還以鄭邑賜之　執轅濤塗秋伐
陳討不忠也　以濤塗為誤軍道也　許穆公卒

陳討不忠也 誤軍道也 許穆公卒

于師葬之以侯礼也 男而以侯礼 加一等也

凡諸侯薨于朝會加一等 諸侯命 有三等

公為上等侯伯為中 等子男為下等也 死王事加二

等 謂以死勤 事者也 於是有以袞斂 袞衣 公服

也謂加 二等 冬叔孫戴伯帥師會諸侯

二等　冬叔孫戴伯帥師會諸侯

之師侵陳〻成歸轅濤塗　陳服罪故歸其

大夫也戴諡也　初晉獻公欲以驪姬為夫

人卜之不吉筮之吉公曰從筮卜

人曰筮短龜長不如從長　物生而後有象

後有滋〻〻而後滋〻而後有數龜象筮數故象長數短也　且其繇

象筮數故象長數短也　且其繇（直救反）曰專之渝攘公之羭　繇卜兆辭也渝（羊朱反下羭同音）變也攘除也羭美也言變乃除公之美也　一薰一蕕十年尚猶有臭　薰香草蕕臭草也十年有臭言善易（以鼓反）消惡難除也　必不可弗聽立之生奚齊其娣生卓（吐濁反）子及將立奚齊既與中大夫成

卑之反將立奚齊既與中大夫成　吐濁反
謀姬謂太子曰君夢齊姜速祭之　必速オ
齊姜太子母　太子祭于曲沃歸胙　才故反　胙
言求食也
胙祭之
于公　酒肉也　公田姬寘諸宮六日
公至毒而獻之　毒酒經宿輒敗而
經六日明公之惑
也　公祭之地地墳與犬犬斃與小　扶粉反　婢世反

公祭之地々墳與犬々斃與小
臣々亦斃姬泣曰賊由太々子
々奔新城（新城曲沃也）公殺其傅杜原
款或謂太子々辭君必辯焉（以六日之
狀自理也）太子曰君非姬氏居不安食
不飽我辭姬必有罪君老矣吾又
吾自理則姬々死々則吾

不飽我辭姬必有罪君老矣吾又
不樂吾自理則姬死姬死則君必不樂不樂為由吾也曰
子其行乎大子曰君實不察其罪
被此名也以出人誰納我十二月
戊申縊于新城姬遂譖二公子曰
皆知之重耳奔蒲夷吾奔屈二子時在

諸矦之重耳奔蒲夷吾奔屈時在朝也爲明年晉殺申生傳也

經五年春晉侯殺其世子申生稱晉侯惡用讒書春從告也

杞伯姬來朝其子無傳伯姬來寧成風也朝其子者時子年在十歲左右因諸侯子得朝義而卒不成朝禮故繫於母而曰朝其子也

夏公孫茲如

於毋而曰朝其子也

夏公孫茲如牟　叔孫戴伯娶於牟卿非君命不越境故奉公命聘於牟因自為逆也

公及齊侯宋公陳侯衛侯鄭伯許男曹伯會王世子于首止　惠王太子鄭也不名而殊會尊之也首止衛地也陳留襄邑縣東南有首鄉也

秋八月諸侯盟于首止　間無異事復稱諸侯者王世子不盟故也王之世子尊

文三年傳云、凡民逃其上曰潰在上曰逃

秋八月諸侯盟于首止 後稱諸侯者王世子不盟故也王之世子尊與王同齊桓行霸翼戴天子尊崇王室故殊貴世子也

鄭伯逃歸不盟 逃其師而歸也逃例在文三年

楚人滅弦〻子奔黃 弦國在弋陽軑縣東南

九月戊申朔日有食之 無傳

冬晉人執虞公 虞公貪璧馬之寶之距絶忠諫稱人以執同於無道其民之例在成

久晉人執虞公之距絶忠諫稱人

以執同於無道於其民之例在戚

十五年所以罪虞且言易也晉侯

成十五年經云晉侯執曹伯歸于京師傳云凡君不道於其民諸侯討而執之則曰某人執某侯不然則否

脩虞之祀而歸其職貢於

王故不以滅同姓爲譏也

傳五年春王正月辛亥朔日南至

周之正月今十一月也冬

至之日日南極也　公既視朔遂

登觀臺以望而書雲物禮也

古乱注了

絶句

本或作而書雲物非也

視朔

親告

登觀臺以望而書雲物禮也（古亂注）（本或作而書雲物非也）親告
朔也觀臺ゝ上構屋可以遠觀者
也朔旦冬至歷（暦）數之所始也治歷（暦）
者因此則可以明其術數審別陰
陽敘事訓民魯君不能常脩礼故
善公之得
礼也
凡分至啓閉必書雲物
分春秋分也至冬至夏至也啓立
春立夏也閉立秋立冬也雲物氣
色災變也傳重申周典不
為備故
言公者日官掌其職也
素察妖祥

言公者日官掌其職也為備故也素察妖祥逢為之備晉侯使以殺太子申生之故來告告乃書也初晉侯使士蔿為二公子築蒲與屈不慎寘之薪焉不慎也夷吾訴之公使讓之譙讓也之士蔿稽首而對曰臣聞之無喪

也

士蒍稽首而對曰臣聞之無喪而慼憂必讎焉讎猶對也無戎而城讎必保焉保而守之也寇讎之保又何慎焉守官廢命不敬固讎之保不忠失忠與敬何以事君詩云懷德惟寧宗子惟城詩大雅也懷德以安則宗子之固若城也

寧宗子惟城則宗子之固若城也
君其脩德而固宗子何城如之言城
不如宗子也三年將尋師焉焉用慎尋用
也退而賦曰狐裘尨茸一國三公
吾誰適從士蔿自作詩也尨茸亂貌也公與二公子為三
也言城不堅則為公子所讎為公所讓堅之則為固讎不忠無以事

所讓堅之則為固讎不忠無以事
君故不知及難公使寺人披伐蒲
所從也
重耳曰君父之命不校乃徇曰校
者吾讎也踰垣而走披斬其袪遂
出奔翟 袪袂也 夏公孫茲如牟娶焉
因聘而娶故
傳實其事也 會于首止會王太子
惠王以惠后故將廢

傳實其事也會于首止會王太子
鄭謀寧周也　惠王以惠后故將廢太子鄭而立王子帶
故齊桓帥諸侯會王太子以定其位也　陳轅宣仲怨
鄭申侯之反已於召陵也　宣仲轅濤塗也
故勸之城其賜邑　齊桓所賜虎牢也　曰美
城之大名也子孫不忘吾助子請

城之大名也子孫不忘吾助子請
乃為之請於諸侯而城之美樓櫓之備
美設
遂譖諸鄭伯曰美城其賜邑
也將以叛也申侯由是得罪為七年鄭殺申
侯傳
傳秋諸侯盟首止王使周公召鄭
本或此下更有于首止三字非
伯曰吾撫女以從楚輔之以晉可

伯曰吾撫女以從楚輔之以晉可
以少安周公宰孔也王恨齊桓定太子之位故召鄭伯使叛
齊也晉楚不服於齊故以鎮安鄭也鄭伯喜於王命
而懼其不朝於齊也故逃歸不盟
孔叔止之曰國君不可以輕〻則
失親孔叔鄭大夫也親黨援也失親患必至病

失親也親黨援也失親患必至病

而乞盟所喪多矣君必悔之弗聽

逃其師而歸楚鬭穀於菟滅弦

子奔黃於是江黃道柏方睦於齊

皆弦姻也姻外親也道國在汝南陽安縣南柏國名也汝

南西平縣有柏亭也弦子恃之而不事楚又

在裏

有柏亭也弦子恃之而不事楚又
不設備故亡晉侯復假道於虞以
伐虢宮之奇諫曰虢虞之表也虢（杜又六年條注ノ）
亡虞必從之晉不可啓寇不可翫
翫習也一之謂甚其可再乎謂二年假道滅下陽也
諺所謂輔車相依脣亡齒寒
輔頰輔也

陽也諺所謂輔車相依脣亡齒寒
者其虞虢之謂也輔頰輔也車牙車也公曰
晉吾宗也豈害我哉對曰太伯虞
仲太王之昭也太伯不從是以不
嗣太伯虞仲皆周太王之子也不從父命俱讓適吳仲雍支子別封西吳虞公其後也穆生昭昭生穆以世次計故太伯虞仲於周為昭

以世次計故太伯虞仲於周為昭
也

號仲號叔王季之穆也王季者太伯虞仲之母弟也號仲號叔王季之子文王之母弟也仲叔皆號君字也

為文王卿士勳在王室藏於盟府盟府司盟之官

將號是滅何愛於虞且虞能親於桓莊乎其愛之也桓莊之

能親於桓莊乎其愛之也桓莊之
族何罪而以為戮不唯偪乎桓叔莊伯
之族。晉獻公之從祖昆弟也獻公
患其偪盡殺之事在莊廿五年也
親以寵偪猶尚害之況以國乎公
曰吾享祀豐絜神必據我據猶安也對
曰臣聞鬼神非人實親惟德是依
周

曰臣聞鬼神非人實親惟德是依
故周書曰皇天無親惟德是輔周書逸書也
又曰黍稷非馨明德惟馨馨香之遠聞也
又曰民不易物惟德繄物黍稷牲玉無德則不見饗有德則見饗言物一而異用也
如是則非德民不和神不享矣神所馮依
馮皮冰反下注同

非德民不和神不享矣神所馮依（馮皮冰反下注）將在德矣若晉取虞而明德以薦馨香神其吐之乎弗聽許晉使宮之奇以其族行（行去也）曰虞不臘矣（臘歲終臈祭衆神之名也）在此行也晉不更舉矣（不更舉兵也）八月甲午晉侯圍上陽

矣兵也

八月甲午晉侯圍上陽

上陽虢國都也在弘農陝縣東南也

問於卜偃曰吾其濟乎對曰克之公曰何時對曰童謠云丙子之晨龍尾伏辰

龍尾星也日月之會曰辰日在尾故尾星伏不見也

均服振振

如字同也字書作袀

戎事上下同服振振盛貌也

取虢之旂

旂軍之旌旗也

取虢之旂貌也旂軍之旌旗也

鶉之賁々天策焞々火中成軍虢

（鶉 述春反又常倫反）

公其奔　鶉々火星也賁々鳥星之體

也天策傅説星時近日星

微焞々無光曜也言丙子平旦鶉

火中軍事有成功也此以上皆童

謠言也童齔之子未有念慮之感

而會成嬉戲之言似若有憑者其

言或中或否博覽之士能懼思之

人兼而志之以為鑒戒以為將來

之驗有益

（上欄注）可勘甚義

齔 初問反又恥問反又毀齒也

人兼而志之以為鑒戒以為將來
之驗有益於世教也其九月十月之交乎以星
驗推之知九月十月之交謂夏之九月十月也交晦朔交會也
丙子旦日在尾月在策是夜日月合朔於尾
月行疾故至旦而過在策鶉火中必是時也冬
十二月丙子朔晉滅虢虢公醜奔
京師不書不告也周十

十二月丙子朔晉滅虢々公醜奔
京師不書不告也周十二月夏之十月也師還館于
虞遂襲虞滅之執虞公及其大夫
井伯以媵秦穆姬秦穆姬晉獻公女也送女曰媵
以屈辱之也而脩虞祀且歸其職貢於
王虞所命祀也故書曰晉人執虞公罪

王祀也故書曰晉人執虞公罪
虞且言易也

經六年春王正月夏公會齊侯宋公
陳侯衛侯曹伯伐鄭圍新城新城鄭新密今滎陽密縣也
秋楚人圍許楚子不親圍以圍者告也
諸侯遂救許皆伐鄭之諸侯故不復更叙之也冬

諸侯遂救許不復更叙之也冬

公至自伐鄭無傳

傳在裏

六年春晉侯使賈華伐屈夷吾不

能守盟而行賈華晉大夫也非不欲校力不能守言不如重耳之賢將奔狄郤芮曰後出同奔去逆反 如鋭反

罪也嫌與重耳同謀而相随也不如之梁〻近

罪也謀而相隨也不女之梁〻近
秦而幸焉乃之梁以梁為秦所親
幸秦既大國且
穆姫在焉故欲
因以求入也夏諸侯伐鄭以其
逃首止之盟故也首止盟
在五年圍新密
鄭所以不時城也實新密而經言
新城者鄭以非
時興土功齊桓聲
其罪以告諸侯也秋楚子圍許以

其罪以告諸侯也　秋楚子圍許以
救鄭諸侯遂救許乃還　冬蔡穆侯
將許僖公以見楚子於武城　楚子退舍
武城猶有忿志爲諸侯各罷兵故
蔡將許君歸楚也武城楚地在南
陽宛縣
北也
許男面縛銜璧大夫衰絰
士輿櫬　縛手於後唯見其面也以
璧爲贄手縛故銜之櫬棺
也將受罪死也

士輿櫬爲質手縛故銜之櫬棺也將受罪死故衰絰也

楚子問諸逢伯逢伯楚大夫也

對曰昔武王克殷微子啓如是微子啓紂庶兄宋之祖也

武王親釋其縛受其璧而祓之祓除凶之禮也

焚其櫬禮而命之使復其所楚子從之

在裏

之使復其所楚子從之

經七年春齊人伐鄭夏小邾子來朝

無傳郳犁来始得王命而来朝之
邾之別封故曰小邾也小邾也

鄭殺其大夫申侯

申侯鄭卿也專
利而不厭故稱名

以殺罪之也例
在文六年也

秋七月公會齊侯

文六年經云晉人殺其大夫陽處父

宋公陳世子款鄭世子華盟于甯

宋公陳世子款鄭世子華盟于甯—

母高平方與縣東有泥—母—亭音如甯也曹伯班卒無傳五年同盟于首止也公子友如齊無傳罷盟而聘謝不—敏也冬葬曹昭公無傳

傳七年春齊人伐鄭孔叔言於鄭伯曰諺有之曰心則不競何憚於病

曰諺有之曰心則不競何憚於病

競彊也憚難也　既不能彊又不能弱所

以斃也國危矣請下齊以救國公

曰吾知其所由來矣姑少待我　欲以

申侯說也　對曰朝不及夕何以待君

鄭殺申侯以說于齊且用陳轅濤

鄭殺申侯以說于齊且用陳轅濤
塗之譖也濤塗譖在五年初申侯申出也
姉妹之子為出有寵於楚文〻王〻將死
與之璧使行曰唯我知汝〻專利
而不厭予取予求不汝疵瑕也從我
取從我求我不
以汝為罪釁也
後之人將求多於

以汝為罪釁也許靳反下文同後之人將求多於
汝謂嗣君也求多以禮義大望之也汝必不免我
死汝必速行無適小國將不汝容
焉政狹法峻也既葬出奔鄭又有寵於
厲公子文聞其死也曰古人有言
曰知臣莫若君弗可改也已秋盟于甯

曰知臣莫若弗可改已秋盟于寗
管仲言於齊侯曰臣聞
母謀鄭故也管仲曰臣聞之招攜
以礼懷遠以德 攜離也 德礼不易無
人不懷齊侯脩礼於諸侯〻官
受方物 諸侯官司各於齊受其方所當貢天子之物也 鄭伯
使太子華聽命於會言於齊侯曰

洩

侯太子華聽命於會言於齊侯曰

泄氏孔氏子人氏三族實違君命

三族鄭大夫也　君若去之以爲成我以鄭

爲內臣君亦無所不利焉　以鄭事齊如封內臣也

齊侯將許之管仲曰君以禮

與信屬諸侯而以姦終之無乃不

與信屬諸侯而以姦終之無乃不
可乎父子不干之謂礼守命供時子父オ
之謂信守君命供時事違此二者姦莫大焉
公曰諸侯有討於鄭未捷今苟有
釁從之不亦可乎子華犯父命是其釁隙也對
曰君若綏之以德加之以訓辭而

曰君若綏之以德加之以訓辭而帥諸侯以討鄭鄭將覆芳服反亡之不暇豈敢不懼若總其罪人以臨之總將領也子華奸父之命即罪人也鄭有辭矣何懼以大義爲辭也且夫合諸侯以崇德也會而列姦何以示後嗣列姦用子華也夫諸侯

損盛德

列姦何以示後嗣　子華也　夫諸侯之會其德刑礼義無國不記記姦之位　位會位也子華為姦人而列在會位將為諸侯所記也　君盟替矣　替廢　他計反　作而不記非盛德也　君舉必書雖沒齊　枝叉反　史隱諱亦損德也　君其勿許鄭必受盟夫子華既為太子而求介

以受盟夫子華既爲大子而求介
於大國以弱其國亦必不免也　介曰
鄭有叔詹堵叔師叔三良爲政未
可間也齊侯辭焉子華由是得罪
於鄭冬鄭伯使請盟於齊　以齊侯不聽子
華故　閏月惠王崩襄王惡大叔帶
也
叔

閏月惠王崩襄王惡大叔帶

烏路反

也

之難襄王惠王太子鄭也大叔帶襄王弟惠后之子也有寵於惠后〻欲立之未及而卒也懼不立不發喪而

叔 又下 外

告難于齊為八年盟洮傳也

經八年春王正月公會王人齊侯宋公衛侯許男曹伯陳世子款盟于

王人與諸侯盟不譏者王

公衛侯許男曹伯陳世子款盟于
洮王人與諸侯盟不譏者王鄭伯
他刀反室有難故也洮曹地也
乞盟新服未與音預會故不冬狄伐晉
序列別言乞盟也
秋七月禘于大廟用致夫人禘三
年大
祭之名也大廟周公廟也致者致
新死之主於廟而列之昭穆也夫
人淫而與弑音試不薨于寝於礼不應
致故僖公疑其礼歷三禘今果行
之[illegible]

致故僖公疑其禮歷三禘今果行之也嫡異常故書之也

冬十有二月丁未天王崩實以前年閏月崩以令年十二月丁未告也

傳

八年春盟于洮謀王室也鄭伯乞盟請服也襄王定位而後發喪王人會洮還而後王位定也

晉里克帥師梁由靡

傳言

（王位定也）

晉里克帥師梁由靡御虢射為右以敗狄于采桑（傳言前年事也平陽北屈縣西南有采桑津也）梁由靡曰狄無恥從之必大克（不恥走故可逐也）里克曰懼之而已無速衆狄（恐怨深而羣黨來報也）虢射曰朞年狄必至示之弱矣夏

號射曰朞年狄必至示之弱矣夏

狄伐晉報采桑之役也復朞月明朞

年之言秋禘而致哀姜焉非礼也

驗也

凡夫人不薨于寢不殯于廟不赴

于同不祔于姑則弗致也寢小寢同盟

也將葬又不以殯過廟也據經哀

姜薨葬之文則為殯廟赴同祔姑

今當以不薨

姜薨之文則為殯廟赴同祔姑
今當以不薨
寝不得致也冬王人来告喪難故
也是以緩有大叔帶之難也宋公疾太子
茲父固請曰目夷長且仁君其立
之茲父襄公也目夷茲父庶兄子魚也公命子魚
〻辭曰能以國讓仁孰大焉臣不

辭曰能以國讓仁孰大焉臣不
及也且又不順立庶不順礼也遂走而退
經九年春王三月丁丑宋公御說卒四同盟也
夏公會宰周公齊侯宋子衛
侯鄭伯許男曹伯于葵丘周公宰孔也宰
官周采地也天子三公不字宋子
宋公也傳例曰在喪公侯曰子陳

宋公也傳例曰在喪公侯曰子陳
留外黄縣
東有葵丘**秋七月乙酉伯姫卒**無傳
公羊穀梁曰未適人故不稱國已
許嫁則以成人之礼書不殤也
婦人許嫁而笄
猶大夫之冠也**九月戊辰諸侯盟**
于葵丘夏會葵丘次伯姫卒文不
相比故重言諸侯也宰孔
先歸不
與盟也**甲子晉侯佹諸卒**未同盟
而赴以
名也甲子九月十一日戊辰十

與盟也甲子晉侯佹諸卒而赴以
名也甲子九月十一日戊辰十
五日也書在盟後從赴也冬晉
里克殺其君之子奚齊獻公未葬奚齊未成
君故稱君之子也奚齊受命
繼位無罪故里克稱名也

傳九年春宋桓公卒未葬而襄公會
諸侯故曰子凡在喪王曰小童公

諸侯故曰子凡在喪王曰小童公侯曰子在喪未葬也小童者童蒙幼昧之稱也子者繼父之辭公侯位尊上連王者下絶伯子男也周康王在喪稱予一人釗稱亦不言小童或所稱之辭各有所施也此謂王自稱之辭非諸下所得書故經無其事傳通取舊典之文以事相接也 夏會于葵丘尋盟且脩好禮也王使宰孔

祭並尋盟且脩好禮也王使宰孔
賜齊侯胙胙祭肉尊之比二王後也曰天子有
事于文武有祭事也使孔賜伯舅胙天子
謂異姓諸侯曰伯舅也齊侯將下拜孔曰且有後
命天子使孔曰以伯舅耋老加勞
賜一級無下拜七十曰耋級等也對曰天

賜一級無下拜級等也對曰天
威不違顔咫尺言天鑒察不遠威嚴常在顔面之前
也八寸曰咫小白余敢貪天子之命無
下拜小白齊侯名也余身也恐隕越于下隕越
顛墜也據天王上故言恐顛墜于下也以遺天子羞
敢不下ヽ拜ヽ登受拜堂下受胙於堂上之

有下拜登受於堂上之

秋齊侯盟諸侯于葵丘曰凡我同盟之人既盟之後言歸于好〔義取脩好故傳顯其盟辭之也〕宰孔先歸〔既會先諸侯去也〕遇晉侯曰可無會也〔晉侯欲來會葵丘也〕齊侯不務德而勤遠略故北伐山戎〔在莊

此四字并注六字才本无

可讀

恵階反

不務德而勤遠略故北伐山戎莊卅一年南伐楚在四年西爲此會也東略之不知西則否矣言或尚東必不能復扶又反下本會西略也其在乱乎君務靖乱無勤於行在存也微戒獻公言晋將有乱也晋侯乃還不復會齊也

九月晋獻公卒里克丕普悲反鄭欲納

九月晉獻公卒里克丕鄭欲納
文公故以三公子之徒作乱丕鄭晉大
夫也三公子申
生重耳夷吾也初獻公使荀息傅
奚齊公疾召之曰以是藐諸孤言其
幼賤與諸
子懸藐也辱在大夫其若之何欲屈
辱荀息使
保護之也稽首而對曰臣竭其股

猜七才反

保護之也稽首而對曰臣竭其股肱之力加之以忠貞其濟君之靈也不濟則以死繼之公曰何謂忠貞對曰公家之利知無不為忠也送往事居耦俱無猜貞也往死者居生者耦兩也送死事生兩無疑恨所謂正也及里克將殺

無疑恨所謂正也　及里克將殺

奚齊先告荀息曰三怨將作　三公子之

徒也　秦晉輔之子將如何荀息曰將

死之里克曰無益也荀叔曰吾與

先君言矣不可以貳能欲復言而　論語釋文云芳福反

愛身乎　荀叔荀息也復言言可復也　雖無益也

愛身乎（言ゝ可復也）雖無益也將焉避之且人之欲善誰不如我ゝ欲無貳而能謂人已乎（言不能止里克使不忠於申生等也）冬十月里克殺奚齊于次（次喪寢也）書曰殺其君之子未葬也荀息將死之人曰不如立卓子而

荀息將死之人曰不如立卓子而
輔之荀息立公子卓以葬十一月
里克殺公子卓于朝荀息死之君
子曰詩所謂白珪之玷尚可磨也斯言之玷不可為也
詩大雅也言此言之缺難治甚於白珪也荀息有焉有此
詩人重言之義齊侯以諸侯之師伐晉及

天本作何愛
土地寶器
而

言之義 齊侯以諸侯之師伐晉及高梁而還討晉乱也 高梁晉地在平陽楊縣西南 令不及魯故不書 前已發不書例今復重發也 嫌覇者異於凡諸侯也 晉郤芮使夷吾重賂秦以求入 郤芮郤克祖父也 從夷吾者也 日人實有國我何愛焉 言國非己之有也 何愛而不以賂秦

天本作何
愛土地寶
器而

有國我何愛焉何愛而不以賂秦　文本作何愛上地實累而

也入而能民土於何有從之能得民不患無土也齊隰朋帥師會秦師納晉惠公隰朋齊大夫也惠公夷吾也秦伯謂郤芮曰公子誰恃對曰臣聞亡人無黨有黨必有讎言夷吾無黨無黨則無讎易出易入以微勸秦

弄戲……有

黨必有讎
難易出易入以微勸秦
夷吾弱不好弄能鬭不過
弄戲　有
節
制長亦不改不識其他公謂公孫
枝
也
支對曰夷吾其定乎
公孫支秦大
夫子桑也
對
曰臣聞之唯則定國詩曰不識不
知順帝之則文王之謂也
詩大雅
也帝天
也則法也言文王闇

知順帝之則文王之謂也帝天也則法也言文王闇行自然合天之法也又曰不僣不賊鮮（息淺反）不為則僣過也賊傷害也皆忌克也能不然則可為人法則也無好（呼報反又如字）無惡（烏路反）不忌不克之謂也今其言多忌克既僣而賊也難哉言能自定難也公曰忌則多怨又焉能克是

難也　公曰忌則多怨又焉能克是
吾利也　其言雖多忌適足以自害
不能勝人也秦伯慮其還
害己故曰
是吾利也　宋襄公即位以公子目
夷為仁使為左師以聽政於是宋
治故魚氏世為左師　直吏反
經十年春王正月公如齊　無傳　狄滅溫

經十年春王正月公如齊傳狄滅温
温子奔衛蓋中國之狄滅而居其土地也晉里克
弒其君卓及其大夫荀息弒卓在
前年而以今春書者從赴也獻公既葬卓
已免喪故稱君也荀息稱名者雖
欲復言本無遠
謀從君於昏也夏齊侯許男伐北
戎無傳北戎山戎也晉殺其大夫里克奚齊

山戎也　晉殺其大夫里克　齊

者先君所命卓子又以在國嗣位

罪未為無道而里克親為三怨之主累弒二君故稱名以

罪之　秋七月　冬大雨雪　無傳平地尺書大雪

傳十年春狄滅溫蘇子無信也蘇子

叛王即狄又不能於狄狄伐之王

不救故滅蘇子奔衛　蘇子周司寇

蘇公之後也

國於溫故曰溫子叛

不救故滅蘇子奔衛蘇公之後也
國於溫故曰溫子叛夏四月周公
王事在莊十九年
忌父王子黨會齊隰朋立晉侯周公
忌父周卿士也王
子黨周大夫也晉侯殺里克以
說自解說不篡也將殺里克公使謂之曰
微子則不及此雖然子殺二君與

微子則不及此雖然子殺二君與
一大夫為子君者不亦難乎對曰
不有廢也君何以興欲加之罪其
無辭乎言欲加已罪不患無辭臣聞命矣伏
劍而死於是丕鄭聘于秦且謝緩
賂故不及丕鄭里克黨也以在秦故不及里克俱死也

則故不及　故不及里克俱死也

晉侯改葬恭太子　恭太子申生也　秋狐突

適下國　下國曲沃新城也　遇太子太子使

登僕　忽如夢而相見狐突本為申生御故復使登車為僕也

而告之曰夷吾無禮余得請於帝

矣　請罰夷吾　將以晉畀秦秦將祀余對

在裏

矣武吾將以晉畀秦〻將祀余對沙利下注

曰臣聞之神不歆非類民不祀非許金反

族君祀無乃殄乎歆饗也殄絶也且民何

罪失刑乏祀君其圖之君曰諾吾

將復請七日新城西偏匹緜反將有巫者

而見我焉新城曲沃也將因巫而見也許之遂

在裏

而見我焉新城曲沃也…曰巫而見也許之遂

不見狐突許其言申生之象亦沒也賢遍反又如字及期而往告

敝

之曰帝許我罰有罪矣敝於韓敝敗

也韓晉地也獨敝惠公故言罰有罪明不復以晉畀秦也貳吾忌克

多怨終於共國雖改葬加謚申生猶忿傳言鬼神所憑有時而信也

丕鄭之如秦也言於秦伯曰呂甥

卒。鄭之如秦也。言於秦伯曰。呂甥
郤稱冀芮實為不從。若重問以召
之（三子晉大夫也。不從。不與秦賂。問。聘問之幣也）臣出晉
君。君納重耳。蔑不濟矣（蔑。無也）冬。秦
伯使泠至報問。且召三子（泠至。秦大夫也）
郤芮曰。幣重而言甘。誘我也。遂殺

[illegible]

郤芮曰幣重而言甘誘我也遂殺
平鄭祁舉　祁舉晉大夫也　及七輿大夫　侯伯
七命副車七乘也　左行共華右行賈華叔
堅騅歂纍虎特宮山祁皆里平之
黨也　七子七輿大夫　平豹奔秦　平豹平鄭之子也
言於秦伯曰晉侯背大主而忌小

言於秦伯曰晉侯背大主而忌小怨民弗與也伐之必出大主秦也小怨里丕公曰失衆焉能殺謂殺里丕之黨也違禍誰能出君謂豹避禍也爲明年晉殺丕鄭傳也

經十有一年春晉殺其大夫丕鄭父以私怨謀亂國稱名罪之也書春從告也夏公及夫人

[illegible]罪之也書春從告也

夏公及夫人姜氏會齊侯于陽穀無傳婦人送迎不出門見兄弟不踰閾與公俱會齊侯非禮也

秋八月大雩無傳過時故書

冬楚人伐黃

傳十一年春晉侯使以丕鄭之亂來告釋經書在今年

天王使召武公內史過

吉在今年

天王使召武公内史過

賜晉侯命　天王周襄王召武公周卿士也内史過周大夫

也諸侯即位天子賜之命圭為瑞也　受玉惰徒卧反過歸告

王曰晉侯其無後乎王賜之命而

惰於受瑞先自棄也已其何繼之

有礼國之幹也敬礼之輿也不敬

有礼國之幹也礼之輿也不敬
則礼〻不〻行〻則上下昏何以
長世　爲惠公不終張本也　夏揚拒泉皐伊雒
之戎同伐京師入王城焚東門　揚拒
泉皐皆戎邑及諸雜戎居伊水洛
水之間者也今伊闕北有泉亭
王子帶召之也　王子帶甘昭公也
召戎欲因以篡位

篡

篡

王子帶召之也 召戎欲因以篡位也

秦晉伐戎以救周秋晉侯平戎于王 為廿四年天王出居鄭傳也

黃人不歸楚貢

冬楚人伐黃 黃人恃齊故也

經十有二年春王三月庚午日有蝕之 無傳不書朔官失之也

夏楚人滅黃秋七

之官失之也夏楚人滅黄秋七

月冬十有二月丁丑陳侯杵臼卒無傳遣世子與僖公同盟寧母及洮也

傳十二年春諸侯城衛楚丘之郛懼

狄難也楚丘衛國都也郛郭也為明年春狄侵衛傳也黄

人恃諸侯之睦于齊也不供楚職

共

人恃諸侯之睦于齊也不供楚職
曰自郢及我九百里焉能害我夏
楚滅黃
郢楚都也
王以戎難故討王子
帶
子帶前年召戎伐周也
秋王子帶奔齊冬
齊侯使管夷吾平戎于王使隰朋
平戎于晉
平和也前年晉救周伐戎故戎與周晉不和也

于晉　戎故戎與周晉不和也

王以上卿之礼饗管仲〻〻辭曰

臣賤有司也有天子之二守國高

在　國子高子天子所命為齊守臣

皆上卿也莊廿二年高傒始見

經傳廿八年國歸父乃見傳歸父

之父曰懿仲高傒之子曰莊子不

知令當誰世也

若節春秋來承王命何以

也節時

誰世也若節春秋來承王命何以
礼焉節時也陪臣敢辭諸侯之臣曰陪臣也王
曰舅氏伯舅之使故曰舅氏也余嘉乃勳應
乃懿德謂督不忘往踐乃職無逆
朕命功勳義德可謂正而不忘者也不言位而言職者管仲
位卑而執齊政故欲以職尊之也管仲受下卿之

欲以職尊之也　管仲受下卿之
礼而還管仲不敢以職自高卒受本位之礼也君子
曰管氏之世祀也宜哉讓不忘其
上詩曰凱悌君子神所勞矣詩大雅也
凱樂也悌易也言樂易君子為神
所勞來故世祀也管仲之後於齊
沒不復見傳亦
舉其無驗者

擧其無驗者

十二年傳云春諸侯城衛楚丘之郛懼狄難也

經十有三年春狄侵衛傳在前年春也夏四

月葬陳宣公無傳公會齊侯宋公陳

侯衛侯鄭伯許男曹伯于鹹鹹衛地也

東郡濮陽縣東

南有鹹城也秋九月大雩無傳書過

也冬公子友如齊無傳

傳

也
冬公子友如齊　傳

傳十三年春齊侯使仲孫湫聘于周

且言王子帶　前年王子帶奔齊言欲復之也　事畢

不與王言　不言子帶事也　歸復命曰未可

王怒未怠其十年乎不十年王弗

召也夏會于鹹淮夷病杞故且謀

召也宴會于鹹淮夷病杞故且謀
王室也秋爲戎難故諸侯戍周齊
仲孫湫致之戍守也致諸侯戍卒於周也冬晉
荐饑麥禾皆不熟也使乞糴于秦秦伯謂
子桑與諸乎對曰重施而報君將
何求言不損秦也重施而不報其民必

何求 秦也 重施而不報其民必
攜〻而討焉無衆必敗 不義故民離也 謂
百里與諸乎 百里秦大夫也 對曰天災流
行國家代有救災恤鄰道也行道
有福丕鄭之子豹在秦請伐晉 欲為
父報
讎也 秦伯曰其君是惡其民何罪

惡也秦伯曰其君是惡其民何罪

秦於是乎輸粟于晉自雍及絳相

継雍秦國都也絳晉國都也命之曰汎舟之役

從渭水運入河汾也

經十有四年春諸侯城緣陵緣陵杞邑也避淮夷遷都於緣陵也

夏六月季姬及鄫子遇

於緣陵也夏六月季姫及鄫子遇于防使鄫子来朝季姫魯女鄫子夫人也鄫子本無朝志為季姫所召而来故言使鄫子来朝也鄫國今瑯邪鄫縣也

秋八月辛卯沙鹿崩沙鹿山名也陽平元城縣東有沙鹿土山在晉地災害繫於所災所害故不繫國也

狄侵鄭無傳

冬蔡侯肸卒無傳未同盟而赴以名也

僖負　傳冬蔡侯肸卒而赴以名也

傳十四年春諸侯城緣陵而遷杞焉

不書其人有闕也　闕謂器用不具城池未固而去為惠不終也澶淵之會既而無歸大夫不書而國別稱人今此揔曰諸侯君臣之辭也不言城杞杞未遷也

鄫季姬來寧公怒之以鄫子之不朝也　來寧不書而後年書歸鄫更嫁之文也明公絶

怒之以鄫子之不朝也而後年書
歸鄫更嫁之文也明公絶
鄫婚既來朝而還之也夏遇于
防而使來朝秋八月辛卯沙鹿崩
晉卜偃曰朞年將有大咎幾亾國
國主山川山崩
川竭亾之徵也冬秦饑使乞糴于
晉〻人弗與慶鄭曰背施無親慶
鄭

晉人弗與慶鄭曰背施無親鄭晉大夫也幸災不仁貪愛不祥怒鄰不義四德皆共何以守國虢射曰皮之不存毛將安傅虢射惠公舅也皮以喻所許秦城毛以喻糴言既背秦施為怨已深雖與之糴猶無皮而施毛也慶鄭曰棄信背鄰患孰恤之無信

慶鄭曰棄信背鄰患孰恤之無信
患作失援必斃是則然矣虢射曰
無損於怨而厚於寇不如勿與言
與秦粟不足解怨也
適足使秦強也
慶鄭曰背施幸
災民所棄也近猶讎之況怨敵乎
弗聽退曰君其悔是哉

文十五年傳云諸侯伯來朝禮也
諸侯五年再相朝以脩王命古之制也

弗聽退曰君其悔是哉

經十有五年春王正月公如齊無傳諸侯五年再相朝禮也例在文十五年

楚人伐徐三月公會齊侯宋公陳侯衛侯鄭伯許男曹伯盟于牡丘牡丘地名也闕遂次于匡匡衛地在陳留長垣縣西南公孫敖率師及

匡
長垣縣西南　公孫敖率師及
諸侯之大夫救徐　公孫敖慶父之子也諸侯既盟
次匡皆遣大夫將兵救　夏五月日
徐故不復具列國別也
又說　家說　不復具列國別也
有蝕之秋七月齊師曹師伐厲　厲楚
與國也義陽隨　無傳為
縣北有厲鄉　八月螽　災也　九
月公至自會　無傳　季姬歸于鄫　無傳　來寧
不書此書者

月公至自會傳季姫歸于鄫來寧
不書此書者己卯晦震夷伯之廟
以明中𢘅也
夷伯魯大夫展氏之父祖也夷謚
伯字震者雷電擊之也大夫既卒
書冬宋人伐曹楚人敗徐于婁林
婁林徐地下邳僮
縣東南有婁亭也十有一月壬戌
晉侯及秦伯戰于韓獲晉侯例得
大夫

晉侯及秦伯戰于韓獲晉侯大夫曰獲晉侯背施無親愎諫違卜故賤絶下從衆臣之例而不言以歸也不書敗績晉師不大崩也

傳十五年春楚人伐徐〻即諸夏故也三月盟于牡丘尋葵丘之盟且救徐也葵丘盟在九年孟穆伯帥師及諸

救徐也在九年孟穆伯帥師及諸

侯之師救徐諸侯次于匡以待之

夏五月日有蝕之不書朔與日官

失之也秋伐厲以救徐也晉侯之

入也秦穆姬屬賈君焉晉侯入在九年穆姬

申生姉秦穆夫人也賈君晉獻公次妃賈女也且曰盡納

君晉獻公次妃賈女也且曰盡納羣公子羣公子晉武獻之族也宣二年傳曰驪姬之亂詛無畜羣公子也晉侯烝於賈君又不納羣公子是以穆姬怨之晉侯許賂中大夫中大夫國內執政里丕等也既而皆背之賂秦伯以河外列城五東盡虢

賂秦伯以河外列城五東盡虢
略南及華山內及解梁城既而不
與河外河南也東盡虢略從河南
而東盡虢界也解梁城今河東
解縣也華山在弘農
華陰縣西南在也晉飢秦輸之
粟在十三年秦饑晉閉之糴在十四年故秦
伯伐晉卜徒父筮之吉徒父秦之
掌龜卜者

伯伐晉卜徒父筮之吉徒父秦之掌龜卜者卜人而用筮不能通三易之占故據其所見雜占而言也涉河侯車敗詰之秦伯之軍涉河則晉侯車敗也秦伯不解謂敗在己故詰之也對曰乃大吉也三敗必獲晉君其卦遇蠱䷑巽下艮上蠱也曰千乘三〻去〻〻之餘獲其雄狐夫狐

乘三〻去〻之餘獲其雄狐夫狐蠱必其君也

起呂又起據一方起呂下之

於周易利渉大川往有事也亦秦勝晉之卦也今此所言蓋卜筮書雜辭以狐蠱為君其義欲以喩晉惠公其象未聞也

蠱之貞風也其悔山也

內卦為貞外卦為悔巽為風秦家也艮為山晉象也

歲云秋矣我落其實而取其材所以克也

周

九

我落其實而取其材所以克也

月萁之七月孟秋也艮爲山也有木今歳已秋風吹落山木之實則爲人所取也

實落材亡不敗何待三敗

及韓晉侯車

晉侯謂慶鄭曰冦深矣若之何對曰君實深之可若何

公曰不遜卜右慶鄭吉弗使

則材爲人才

三椽也

惡其不遜

孫遜

公曰不遜卜右慶鄭吉弗使
不遜孫
不以為車右也此
貳吾之多昆也
步揚御戎家僕
徒為右
步揚郤犫
之父也
乘小駟鄭入也
鄭所獻馬
名小駟也
慶鄭曰古者大事必乘
其產土其水土而知其人心安其
教訓而服習其道唯所納之無不

狡

教訓而服習其道唯所納之無不
如志今乘異産以從戎事及懼而
變將與人易變易人意也乱氣狡憤陰
血周作張脈僨興外強中乾狡戾也僨
動也氣狡憤於外則血脈必周身
而作隨氣張動外雖有強形而内
實乾竭也進退不可周旋不能君必悔

竭力也進退不可周旋不能君必悔
之弗聽九月晉侯逆秦師使韓簡
視師韓簡晉大夫韓萬之孫也復曰師少於我
鬬士倍我公曰何故對曰出因其
資詔奔梁求秦也入用其寵爲秦所納也飢食
其粟三施而無報是以來也今又

其粟三施而無報是以來也今又
擊之我怠秦奮倍猶未也公曰一
夫不可狃況國乎狃忕也言避秦則使忕來也
遂使請戰曰寡人不佞能合其衆
而不能離也君若不還無所逃命
秦伯使公孫枝對曰君之未入寡

秦伯使公孫枝對曰君之未入寡
人懼之入而未定列猶吾憂也列位
也苟列定矣敢不承命韓簡退曰
吾幸而得囚得囚為幸言必敗也壬戌戰于
韓原九月十三日也晉戎馬還濘而止濘泥
也還便旋也小駟不調故隨泥中也公號慶鄭曰

不調故隨泥中也公号慶鄭曰愎諫違卜愎戾也固敗是求又何逃爲遂去之梁由靡御韓簡虢射爲右輅秦伯將止之輅迎也止獲也鄭以救公誤之遂失秦伯秦獲晉侯以歸經書十一月壬戌十四日也經從赴晉大夫反首拔

十四日也經從赴晉大夫反首拔　補末注皆ノ
舍從之反首亂頭髮下垂也拔草舍止壞形毀服也秦
伯使辭焉曰二三子何其慼也寡
人之從君而西也亦晉之妖夢是
踐豈敢以至狐突不寐而与神言故謂之妖夢也申生
言帝許罰有罪今將晉君西以厭息此語也踐厭也晉大夫三
厭於冉反一音於甲反又於輒反

厭於冉一　又於甲　又於輒　下〻西以厭息此語也殘㡉也　晉大夫

拜稽首曰君履后土而戴皇〻天

〻后土實聞君之言羣臣敢在下

風穆姬聞晉侯將至以太子罃於耕反弘

與女簡璧登臺而履薪焉　罃康公

如〻徐本作履孔具若也弘

其母弟也簡璧弘姊妹也古之宮

閉者皆居之臺以抗絕之穆姬欲

荐自罪故登臺而荐之以…

蓐
閉者皆居之臺以抗絶之穆姫欲
自罪故登臺而薦之以薪左右上
下者皆履柴乃得通之也
使以免服衰絰逆且告
免衰絰遭喪之服也
令行人服此服以迎秦伯
曰上天
且告將以耻辱自敗也
世字不讀
降災使我兩君匪以玉帛相見而
以興戎若晉君朝以入則婢子夕

曰字以下之字凡卅一字移右本消尤尋杜注点不得有之者是後人加

以興戎若晉君朝以入則婢子夕
以死夕以入則朝以死唯君裁之
乃舍諸靈臺在京兆鄠縣周故臺也亦所以抗絶令
不得通外內也大夫請以入公曰獲晉侯
厚
以厚歸也既而喪歸焉用之若將晉侯
入則夫人或自殺也大夫其何有焉何有猶何得也

我自致也大夫其何有焉何—得也

且晉人感憂以重我謂反—首拔—舍也天地

以要我不圖晉憂重其怒也我食

吾言背天地也食消重怒難任背

天不祥必歸晉君任當公子縶曰

不如殺之無聚慝焉公子縶秦大夫也慝惡—吾

歸復相聚

成

不如殺之無聚慝焉 夫也恐夷吾

歸復相聚為惡也

子桑曰歸之而質其大子必得大成晉未可滅而殺其君祗以成惡 祗適

也且史佚有言曰無始禍 史佚周武王時大史尹佚也 無怙乱 恃人乱為

已利也 無重怒重怒難任陵人不祥

也

無重〻怒〻難任凌人不祥

乃許晉平晉侯使郤乞告瑕呂飴

甥且召之 郤乞晉大夫也瑕呂飴

甥即呂甥也蓋姓瑕呂

名飴甥字子金也晉侯聞秦將許

之平故告呂甥使迎己之也

子金教之言曰朝國人而以君命

賞 懲國人不從故先

賞之於朝也 且告之曰孤

賞賞之於朝也且吉之曰孤

雖歸辱社稷矣其卜貳圉也貳代也圉

惠公太子懷公也眾皆哭哀君未還國也晉於是

乎作爰田分公田之稅應入公者爰之於所賞之眾也

呂甥曰君亡之不恤而群臣是憂

惠之至也將若君何眾曰何為而

惠之至也將若君何衆曰何爲而
可對曰征繕以輔孺子也征賦也繕治也
孺子太子圉也諸侯聞之喪君有君羣臣
輯睦甲兵益多好我者勸惡我者
懼庶有益乎衆說晉於是乎作州
兵五黨爲州州二千五百家也
因此又使州長各繕甲兵也初

因此文使州長各繕甲兵也

晉獻公筮嫁伯姫於秦也遇歸妹

䷵兌下震上　之睽䷥兌下離上

歸妹也　古圭反徐苦圭反　歸妹上六爻

變之爲睽也　史蘇占之曰不吉　史蘇晉卜筮之史也

皆圭反　其繇直救反曰士刲羊亦無衁也女承筐

亦無貺也　周易歸妹上六爻辭也

衁本亦作貺　衁血也貺賜也刲羊士

……無貺也衁血也貺賜也刲羊士之功也承筐女之職也上六無應所求不獲故下刲無血上承無實不吉之象離為中女震為長男故稱士女也

西鄰責言不可償也將嫁女於西而遇不吉之卦故知有責讓之言不可報償也

歸妹之睽猶無相也歸妹女嫁之卦睽乖離之象故曰無相相助也

震之離亦離之……

二卦……

故曰無相也震之離亦離之
震二卦變而爲雷爲火爲嬴敗姬
氣相通也
嬴秦姓也姬晉姓也震爲雷離爲
火之動熾而之害其母女嫁反害
其家之象也故
車說其輹火焚其
曰爲嬴敗姬也
輹車下縛
旗不利行師敗于宗丘
也丘猶邑
世震爲車離爲火上六爻在震則
無應故車說其輹在離則失位故
火焚其旗言皆失車火之用也

脫吐活反注〻步福反又服
枚車傍著底子所云世轄
云〻夏服云車下伏菟也

無應故車說其輹在離則火位故火焚旗言皆失車火之用也車敗旗焚故不利行師也火還害母故敗不出國近

歸妹睽孤寇張之弧

在宗邑也此睽上九爻辭也處睽之極故曰睽孤共位孤絶故遇寇難而有弓矢之警皆不吉之之象也

姪其從姑（待徒又字林大一又）

震爲木離爲火從木生離爲震妹於火爲姑謂我姪者我謂之姑謂子圉質秦也

六

姪者我謂之姑謂子圉質秦也六
年其逋逃歸其國而棄其家逋亡
也家謂子圉婦
懷嬴也明年其死於高梁之虛
惠公死之明年文公入殺懷公在平
公于高梁晉地也
陽楊縣西南凡筮者用周易則其
象可推非此而往則繇時占者或
取於象或取於時日王相以成其
占若盡附會以爻象則構虛而不
經故略言其歸趣他皆放此

本文作構各依字讀

經故略言其歸趣他皆放此

及惠公在秦曰先君若從史蘇之

占吾不及此夫韓簡侍曰龜象也

有滋ミ 或本

筮數也物生而後象ミ而後滋ミ

一讀及可數乎 數

而後有數先君之敗德及可數乎

史蘇是占勿從何益　言龜以象示筮以數告象

數相因而生然後有占占所以

各依字讀

史蘇是占勿從何益　筮以數告象
數相因而生然後有占占所以知
吉凶不能變吉凶故先君敗德非
筮數所生雖復不從史
蘇不能禍益禍之也　詩曰下民
之孽匪降自天僔沓背憎職競由
人　詩小雅言民之有邪惡非天所
降僔沓面語背相憎疾皆人競
所主作因以風諫惠
公有以召此禍也　震夷伯之廟

公有以占此禍也　震夷伯之廟
罪之也於是展氏有隱慝焉　隱慝非法所得
尊貴罪所不加是以聖人因天地
之變自然之妖以感動之智達之知
主則識先聖之情以自厲中下之
主亦信妖祥以不妄神道助教唯
此為深也　冬宋人伐曹　討舊惡也　莊十四年
曹与諸侯伐宋也　楚敗徐于婁林　徐恃救

伐宋也

楚敗徐于婁林徐恃救

也　恃齊救也

十月晉陰飴甥會秦伯盟

于王城　陰飴甥即呂甥也食采於陰故曰陰飴甥王城秦地馮翊臨晉縣東有王城今名武鄉城也

秦伯曰晉國

和乎對曰不和小人恥失其君而

悼喪其親　痛其親為秦所殺也

不憚征繕以

悼喪其親秦所殺也不憚征繕以
立圉也曰必報讎寧事戎狄君子
愛其君而知其罪不憚征繕徒且反以待
秦命曰必報德有死無二以此不
和秦伯曰國謂君何對曰小人慼
慼
謂之不免君子恕以為必歸小人

謂之不免君子恕以爲必歸小人
曰我毒秦〻豈歸君　毒謂三施君不報也
子曰我知罪矣秦必歸君貳而執
之服而舍之德莫厚焉刑莫威焉
服者懷德貳者畏刑此一役也　言
惠公使諸侯威服復
可當一事之切也
秦可以霸納　還

正義云本或作蟻

館

可當一事之切也　禁可以釁紛

而弗定廢而不立以德為怨秦不

其然秦伯曰是吾心也改館晉侯

饋其位反七牢焉牛羊豕各一為一牢也蛾析謂慶

奥倚反本或作蟻之蛾

鄭曰盍行乎蛾析晉大夫對曰陷君於

晳本或作析星歷反

敗謂呼不往誤晉師共秦伯也敗而不死又使

敗師共秦伯也敗而不死又使
共刑非人臣也臣而不臣行將爲
入十一月晉侯歸丁丑殺慶鄭而
後入丁丑月廿九日也是歲晉又飢秦伯
又饋之粟曰吾惡其君而矜其民
且吾聞唐叔之封也箕子曰其後

且吾聞唐叔之封也。箕子曰、其後必大。晉其庸可冀乎。唐叔晉始封之君、武王之子也。箕子殷帝乙之子、紂庶兄也。姑樹德焉以待能者。於是秦始征晉河東、置官司焉。征賦也。

春秋卷第五

經七千二百五十四字
注六千六百十六字

文永五年九月廿日以累代之
秘說奉授越州太守尊閤了
朝請大夫

乾元[illegible]

本奥云

正元二年五月廿八日以累葉秘
説奉授越州使君尊閤了
前參河守清原　在判

本奥云

治承四年八月廿日於播州

校良業了

左判
枚兼

讀了通先生講説之席已了

于時正應元年丁亥仲冬中旬

[illegible]

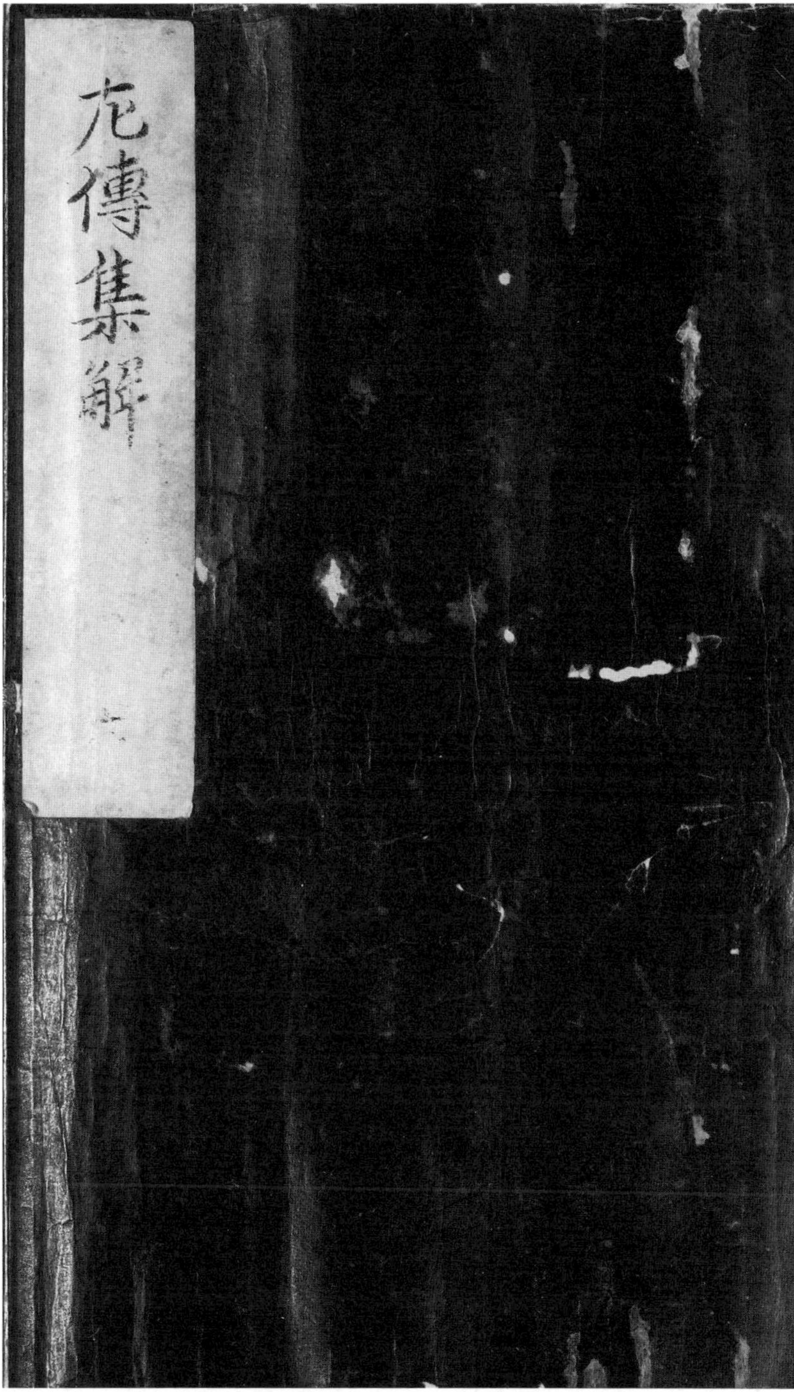
左傳集解

春秋經傳集解僖中第六　杜氏　盡廿六年

春秋經傳集解僖中第六　杜氏　盡廿六年

經十有六年春王正月戊申朔隕石

于宋五　隕落也聞其隕視之石數

之五各隨其聞見先後而

記之也莊七年星隕如雨見星之

隕而隊於四遠若山若水不見在

地之驗此則見在地之驗而不見

始隕之星史各據事而書之也

始隕之星。史。各據事而書之也

是月隕石之月

是月也六鷁退飛過宋都

也重言是月。嫌同一日也。鷁水鳥高

飛遇風而退。宋人以為災告於諸

侯故書之也

三月壬申公子季友卒傳無

稱字者貴之也。公

與小斂故書日也

夏四月丙申鄫季姬卒傳無

秋七月甲子公孫茲卒

無

季姬卒傳秋七月甲子公孫茲卒

無傳冬十有二月公會齊侯宋公陳侯衛侯鄭伯許男邢侯曹伯于淮

臨淮郡左右也

傳

十六年春隕石于宋五隕星也

星則嫌星使石隕故重言隕星

六鷁退飛過宋都

隕故重言隕星
六鷁退飛過宋都
風也
六鷁遇迅風而退飛風高不爲物害故不記風之異也
周内史叔興聘于宋宋襄公問焉
曰是何祥也吉凶焉在
祥吉凶之先見者也
襄公以爲石隕鷁退能爲禍福之始故問其所在也
對曰今茲魯多大喪
今茲此歲也
明年齊有乱

茲魯多大喪歲也明年齊有乱
君將得諸侯而不終魯喪齊乱宋襄不終別以政
刑吉凶他
占知之也退而告人曰君失問是
陰陽之事也非吉凶所生也言石
鷁退陰
陽錯逆所為非人所生也襄公不
知陰陽而問人事故曰君失問
興自以對非其實恐為有識
者所譏故退而告人也矣吉凶

者所譏故退而告人也矣

吉凶由人吾不敢逆君故也積善餘慶積惡餘殃故曰吉凶由人也若問吉凶不敢逆之故假他占以荅之

夏齊伐厲不克救徐而還十五年齊伐厲以救徐也

伐厲二字正義在之

秋狄侵晉取狐廚受鐸涉汾及昆都因晉敗也狐廚受鐸昆都晉三邑也平陽臨汾縣西

都因晉敗也
邑也平陽臨汾縣西
北有狐谷亭汾水
出太原南入河
王以戎難告于
齊ゝ徵諸侯戍周
十一年戎伐京
師以來遂為王
室難
也
冬十一月乙卯鄭伯殺子華
終管仲之言
也事在七年
十二月會于淮謀鄫
且東略也
鄫為淮夷
所病故也
城鄫役人病

国東畔也所病故也城鄫役人病

有夜登丘而呼者曰齊有乱不果

城而還役人遇厲氣不堪久駐故作妖言也

經十有七年春齊人徐人伐英氏

滅項項國今汝陰項縣也公在會別遣師滅項不言師諱之秋

夫人姜氏會齊侯于卞卞今魯國卞縣

之之于傳以為齊滅

夫人姜氏會齊侯于卞國卞縣九月公至自會也公既見執於齊猶以會致者諱之也

冬十有二月乙亥齊侯小白卒與僖公八同盟赴以名也

傳十七年春齊人于為徐伐英氏以報婁林之役也英氏楚與國也婁林役在十五年也

報婁林之役也林役在十五年也

夏晉太子圉為質於秦秦歸河東而妻之秦征河東置官司在十五年也惠公之在梁也梁伯妻之梁嬴孕過期過十月不産也懐子卜招父與其子卜之卜招父梁大卜其子曰將生一男一女招曰然

其子曰將生一男一女招曰然

圉魚呂反　圉魚擧反

男為人臣女為人妾故名男曰圉

女曰妾圉養馬者也不聘曰妾也及子圉西質

秦妾為宦女焉宦事秦為妾也師滅項師魯師也

淮之會公有諸侯之事未歸而

取項淮會在前年冬諸侯之事會同講礼之事齊人以

取項之事會同講禮之事魯人以
為討而止公內諱執皆言止也秋聲姜以
公故會齊侯于卞聲姜僖公夫人齊女也九
月公至書曰至自會猶有諸侯之
事焉且諱之恥見執故託會以告廟也齊侯之
夫人三王姬徐嬴蔡姬皆無子齊

夫人三王姬徐嬴蔡姬皆無子齊
侯好內多內寵內嬖如夫人者六
人長衛姬生武孟武孟公子無虧也少衛
姬生惠公公子元也鄭姬生孝公公子昭也
葛嬴生昭公公子潘也密姬生懿公公子
商人宋華子生公子雍華氏之女子姓也

人宋華子生公子雍子姓也公
與管仲屬孝公於宋襄公以為太
子雍巫有寵於衛恭姬因寺人貂
以薦羞於公雍巫雍人名巫即易牙也亦有寵
公許之立武孟孟易牙既有寵於公為長衛姬請立武
孟管仲卒五公子皆求立冬十月

管仲卒五公子皆求立冬十月乙亥齊桓公卒乙亥十月八日也易牙入與寺人貂因內寵以殺羣吏內寵內官之有權寵者也而立公子無虧孝公奔宋十二月乙亥赴辛巳夜殯六十七日乃殯也

經十有八年春王正月宋公曹伯衛人邾人伐齊納孝公也夏師救齊無傳五月戊寅宋師及齊師戰于甗齊師敗績無虧既死曹衛邾先去魯罷歸故宋師獨與齊戰也稱宋公不親戰也大崩曰敗績甗齊地也狄救齊無傳救四

魚勉反又魚偃反又六言又六彥

績

崩日敗績甗齊地也 狄救齊 救四公子之徒 秋八月丁亥葬齊桓公 十一月而葬乱故也八月無丁亥日誤也 冬邢人狄人伐衞 狄稱人者史異辭傳無義例也

傳十八年春宋襄公以諸侯伐齊三月齊人殺無虧 以說宋也 鄭伯始朝于

月齊人救無虧宋也鄭伯始朝于楚中國無霸故也楚子賜之金既而悔之与之盟曰無以鑄兵楚金利故以鑄三鍾古者以銅為兵傳言楚無霸者遠略也齊人將立孝公不勝四公子之徒遂與宋人戰無虧既死故曰四公子也夏五月宋敗齊師

之樹反

一說齊人將立孝公不勝四公子之徒

音升文卯證反

婁郎句反又郎鉤反

戰曰四公子也五月宋敗齊師

于甗立孝公而還秋八月葬齊桓

公孝公立而後得葬也冬邢人狄人伐衛圍

菟圃衛侯以國讓父兄子弟及朝

衆曰苟能治之燬請從焉燬衛文公名也

衆不可而後師于訾婁不聽衛侯讓也陳師

貴又郎　鈞反

衆不可復讓也　後師于訾婁（子斯反）師

訾婁衞邑也　秋師還　獨言秋還則邢留距衞也言邢所以終爲衞所賊之也

梁伯益其國而不能實也　多築城邑而無民以實之也　命之曰新里

秦取之

經十有九年春王三月宋人執滕子

經十有九年春王三月宋人執滕子嬰齊（於盈反）稱人以執宋以罪及民告也例在成十五年傳例不以名為義書名及不書名皆從赴也之

夏六月宋公曹人邾人盟于曹南无傳曹人雖與盟而猶不服不肯致餼（許氣反）無地主之禮故不以國地而曰曹南所以及秋而見圍也

鄫（疾陵反）子會盟于邾不及曹南之盟諸侯既罷鄫子乃會

鄫子會盟于邾侯既罷鄫子乃會之於邾故不言如會也己酉邾人執鄫子用之稱人以執宋以罪及民告也鄫雖失大國會盟之信然宋用之為罪已甚故直書用之言若用畜產也不書社赴不及也不書宋使邾而以邾以自用為文南面之君善惡自專不得諉之於他命也

秋宋人圍曹衛人伐邢伐邢在圍曹前經書

秋宋人圍曹衛人伐邢曹前經書在後從赴也
冬會陳人蔡人楚人鄭人盟于齊地於齊亦與盟也
梁亡以自亡為文非取者之罪也所以惡梁之也

傳十九年春遂城而居之秉前年傳取新里故不復言秦也為此冬梁亡傳也
宋人執滕宣公嬰

此冬梁亡傳也宋人執滕宣公嬰

宋公使邾文公用鄫子於次睢之

正義曰屬謂聚也

社欲以屬東夷睢水出受汴東經陳留梁譙沛彭城縣入泗此水次有妖神東夷皆社祠之蓋殺人而用祭也司馬

子魚曰古者六畜不相為用司馬子魚公子目夷也六畜不相為用謂若祭馬先不用馬也小事不

用謂若祭馬先不用馬也小事不
用大牲而况敢用人乎祭祀以為
人也民神之主也用人其誰饗之
齊桓公存三亡國以屬諸侯三亡國魯
衛刑義士猶曰薄德謂欲曰乱取魯緩救刑衛
也也今一會而虐二國之君宋公三月以會
召諸侯執滕子六月而會盟且用

月以會召諸侯執滕子六月而會盟其月廿二日執鄫子故云一會而虐二國之君也又用諸淫昏之鬼非周社故也將以求霸不亦難乎得死為幸恐其亡國也

秋衛人伐邢以報菟圃之役也邢不速退所以獨見伐也之

於是衛大旱卜有

獨見伐也之
於是衛大旱卜有
事於山川不吉也 有事祭也 甯莊子曰
昔周飢克殷而年豐今邢方無道
諸侯無伯 伯長也 天其或者欲使衛討
邢乎從之師興而雨宋人圍曹討
不服也 曹南盟不脩地主之礼故也 子魚言於

不服也　主之礼敬也　子魚言於

宋公曰文王聞崇德乱而伐之軍

三旬而不降　戸江反下同也　崇ヽ侯　退而脩教而

復伐之因壘而降　力軌反軍也　扶又反注同一本作而復伐衍字也　復往攻之倫不　改前而崇自服

也　詩曰刑于寡妻至于兄弟以御

于家邦　詩大雅言文王之教自近　如字治也詩作五嫁反迎也

及遠也寡妻嫡妻謂大姒

也刑

于家邦及遠也寡妻嫡妻謂大姒
也刑法也
丁歷反 本或作適
今君德無乃猶有所闕而以
伐人若之何盍姑內省德乎無闕
胡臘反
而後動陳穆公請脩好於諸侯以
無忘齊桓之德冬盟于齊脩桓公
之好也宋襄公暴虐故思齊桓也梁亡不書其

之女也　故恩齊桓也　梁亡不書其

主自取之也　不書取梁者主名也　初梁伯好

土功亟城而弗處民罷而弗堪則

曰某寇將至乃溝公宮　溝壍土也　曰秦

將襲我民懼而潰秦遂取梁

經廿年春新作南門　魯城南門也本名稷門僖公更

經廿年春新作南門名稷門僖公更高大之今猶不與諸門同改名高門也言新以易舊言作以興事皆更造之文也之夏郜子来朝古報反又古林工篤反無傳郜姬姓國也五月乙巳西宮災無傳西宮公別宮也天火曰災例在宣十六年也鄭人入滑于八反入例在襄十三年也秋齊人狄人盟于邢冬楚人伐隨

人狄人盟于邢冬楚人伐隨

傳廿年春新作南門書不時也失土功之時也

凡啓塞從時門戶道橋謂之啓也城墎牆塹謂之塞皆官民之開閉不可一日而闕故特隨壞時而治之今僖公循飾城門非開閉之急故以土功之制譏之傳嫌啓塞皆從土功之時故別起從時之例也

滑人叛鄭而服於衛夏

之例也

滑人叛鄭而服於衛夏鄭公子士泄堵寇帥師入滑

公子士鄭文公子也泄堵寇鄭大夫也

秋齊狄盟于邢為邢謀衛難也於是衛方病邢隨以漢東諸侯叛楚冬楚鬬穀於菟帥師伐隨取成而還君子曰隨之見

師伐隨取成而還君子曰隨之見
伐不量力也量力而動其過鮮矣
善敗由己而由人乎詩曰豈不夙
夜謂行多露詩召南言豈不欲早
暮而行懼多露之濡
己以喻違禮而行必有汙辱
是亦量宜相時而動之義也宋襄
公欲合諸侯臧文仲聞之曰以欲

公欲合諸侯臧文仲聞之曰以欲從人則可屈己之欲從衆之善者以人從欲鮮濟為明年鹿上盟傳也

經廿有一年春狄侵衛無傳為邢故也于偽反下同宋人齊人楚人盟于鹿上鹿上宋地也汝陰有原鹿縣宋為盟主故在齊人上也夏大旱雩不獲雨故書旱自

年 叶正義 說

在齊人上也　夏大旱故書旱自
夏及秋五稼穀也秋宋公楚子陳侯蔡
皆不收也
侯鄭伯許男曹伯會于盂　盂宋地
也楚始
與中國行會禮　不
故稱爵也之　執宋公以伐宋　言
楚執宋公者宋公無德而爭盟爲
諸侯所疾故總見衆國共執之文
也之　冬公伐邾　無傳爲邾滅　楚人使
之　須句故也
宜申來獻捷　無傳獻宋捷也不言

之冬公伐邾須句故也楚人使
宜申来獻捷無傳獻宋捷也不言宋者秋伐宋冬来獻
捷事不異年從可知也不稱
楚子使来不稱君命行禮也十有
二月癸丑公會諸侯盟于薄釋宋
公諸侯既與楚共伐宋之服故為薄盟以釋之也公本无會期聞
盟而往故書公會諸侯也

公會諸侯也

傳廿一年春宋人為鹿上之盟以求諸侯於楚ヒ人許之公子目夷曰小國爭盟禍也宋其亡乎幸而後敗謂軍敗也夏大旱公欲焚巫尫巫尫女巫也主祈禱（丁老反或丁報反）請雨者也或以為尫非巫也瘠病之人其面上向（嚮 許亮反 本文作向）俗謂天哀其病恐雨入其鼻故

尫㞷也瘠病之人其面上向俗謂天
哀其病恐雨入其鼻故
為之旱是以公欲焚之臧文仲曰
非旱備也脩城郭貶食省用務穡
勸分穡儉也勸分有無相濟也此其務也巫尫
何為天欲殺之則如勿生若能為
旱焚之滋甚公從之是歲也飢而
不甚害

旱焚之滋甚公從之是歲也飢而
不害不傷害民也秋諸侯會宋公于盂
子魚曰禍其在此乎君欲已甚其
何以堪之於是楚執宋公以伐宋
冬會于薄以釋之子魚曰禍猶未
也未足以懲君為廿二年戰泓傳也任宿須

也未足以懲君戰泓傳也任宿須句顓臾風姓也實司太皞與有濟之祀司主也太皞伏戲也四國伏戲之後故主其祀任今任城縣也顓臾在泰山南武陽縣東北須句在東平須昌縣西北四國封近於濟故世祀之也以服事諸夏與諸夏同服王事也邾人滅須句須句子來奔曰成風

叔孫豹又　百敎

案桂注所引是叔孫婼語本傳本多作豹恐是傳寫誤

邾人滅須句須句子來奔曰成風也須句成風家也成風爲之言於公曰崇明祀保小寡周禮也明祀大皡有濟之祀也保安也蠻夷猾夏周禍也此邾滅須句而曰蠻夷昭公廿三年叔孫豹曰邾又夷也然則邾雖曹姓之國迫近諸戎雜用夷禮故極言之猾夏亂諸夏也若封須句是崇皡

作豹認是傳寫誤也宜為始乙六勅苦反

猾夏乱諸夏也若封須句是崇暭濟而脩其祀紓禍也紓解也為明年伐邾傳也

經廿有二年春公伐邾取須句須句雖列國而削弱不能自通為魯私屬有若顓臾之比魯謂之社稷之臣故滅奔及反其君皆略不備書唯書伐邾取須句也夏宋公衛侯許男滕子伐鄭秋八月丁未

衛侯許男滕子伐鄭秋八月丁未
及邾人戰于升陘升陘魯地也邾人縣公胄於魚門故深恥之不言公又不言師敗績諱也冬十有一月
己巳朔宋公及楚人戰于泓宋師
敗績泓水名也宋伐鄭楚救之故戰也楚告命不以主帥人數故略稱人也

諱也

楚救之三字或本有又オナ可讀之

人也
傳廿二年春伐邾取須句反其君焉
礼也得恤寡小之礼也三月鄭伯如楚夏
宋公伐鄭子魚曰所謂禍在此矣
惎鄭至楚故伐之也為下流戰起也初平王之東遷
周幽王為犬戎所賊平王
也嗣立故東遷洛邑也之辛有

也嗣立故東遷洛邑也辛有
適伊川見被髮而祭於野者辛有周大
夫也伊川周地伊水也
曰不及百年此其戎
乎其禮先亡矣被髮而祭有象夷狄也秋秦
晉遷陸渾之戎于伊川允姓之戎居陸渾在
秦晉西北二國誘而徙之伊川遂
從戎號至今為陸渾縣也計此去

從戎狄至今爲陸渾縣也計此去
辛有過百年而去不及百年者
傳舉其事驗不必其年信也　晉
太子圉爲質於秦將逃歸謂嬴氏
曰與子歸乎　嬴氏秦所妻子圉懷嬴也　對曰子
晉太子而辱於秦子之欲歸不亦
宜乎寡君之使婢子侍執巾櫛　婢子
婦人之

亘子寡君之使婢子侍執巾櫛側乚反子

婦人之卑稱也又證反下以固子也從子而歸棄君

命也不敢從亦不敢言遂逃歸傳終

史蘓之占也富辰言於王曰請召大叔

大音泰注同

富辰周大夫也大叔王子帶也十二年奔齊也詩曰協比

宋韵胡頬反和也合也

其隣近也婚姻孔云詩小雅言王者為政先和協近親則

其隣婚姻孔云言先和協近親則婚姻甚相歸附也隣猶近也孔甚也云旋也吾兄弟之不協焉能怨諸侯之不睦王謂王子帶自齊復歸于京師王召之也傳終仲孫湫之言也為廿四年天王出居于鄭起邾人以須句故出師公卑邾不設備而禦

禦魚呂反本亦作御

禦 本亦作禦

兢 居陵反 兢 本或作矜

須句故出師公卑邾不設備而禦
之卑小也臧文仲曰國無小不可易 以豉反
也無備雖眾不可恃也詩曰戰戰
兢兢如臨深淵如履薄冰詩小雅言常戒
懼也又曰敬之敬之天惟顯思顯明也思猶辭
也命不易哉周頌言有國宜敬戒也天明臨下奉承其命

命不易哉　天明臨下奉承其命

甚難　先王之明德猶無不難也無

也去　不懼也況我小國乎君其無謂邾

蠭芳容反　本又作蜂　俗字　小蠭蠆有毒而況國乎弗聽八月

蠆勑邁反　字林作蠆　又他割反　丁未公及邾師戰于升陘我師敗　升陘　本又作登陘

績邾人獲公冑縣諸魚門　冑兜鍪也　魚門

績邾人獲公冑懸諸魚門也魚門

邾城門也楚人伐宋以救鄭宋公將戰

大司馬固諫曰天之棄商久矣君

將興之弗可赦也已大司馬固莊公之孫公孫

固也言君興天所棄必不弗聽冬

可不如赦楚勿與戰也

十一月己巳朔宋公及楚人戰于

十一月己巳朔宋公及楚人戰于泓宋人既成列楚人未既濟未盡渡泓水也司馬曰子魚也彼衆我寡及其未既濟也請擊之公曰不可既濟而未成列又以告公曰未可既陳而後擊之宋師敗績公傷股門官殲將虜文

門官守門者師行則

後擊之宋師敗績公傷股門官殲（将廉反）焉門官守門者師行則在君左右殲盡也國人皆咎（其九反）公公曰君子不重傷不禽二毛二毛頭白有二色者也古之為軍也不以阻隘（於賣反）也不因阻隘以求勝也寡人雖亡國之餘宋商紂之後也不鼓不成列恥以詐勝也子魚曰

後也不鼓不成列勝也子魚曰

君未知戰勍敵之人隘而不成列

天贊我也勍彊也言楚在險隘不得陳列天所以佐宋也

阻而鼓之不亦可乎猶有懼焉雖曰

阻擊之猶恐不勝也且今之勍者皆吾敵也

雖及胡耇獲則取之何有於二毛

雖及胡耇獲則取之何有於二毛
今之勍者謂与吾競者也胡耇元老之稱也明恥教戰
求殺敵也明設刑戮以恥不果也傷未及死
如何勿重言尚能害己也若愛重傷則如
勿傷愛其二毛則如服焉言苟不欲傷殺
敵人則夲不可須闘也三軍以利用也爲利興也

〔可須鬪也〕三軍以利用也〔興也〕（于僞反）

金鼓以聲氣也〔鼓以佐士衆之聲氣也〕利而

用之阻隘可也聲盛致志鼓儳可（仕銜反又仕咸反）

也〔儳巖未整陳也〕丙子晨鄭文公夫人芈（彌尔反楚姓也）

氏姜氏勞（力報反）楚子於柯（古歌反）澤〔楚子還過鄭鄭文公

夫人芈氏楚女姜氏齊女也柯澤鄭地也〕楚子使師縉（音晉）

邇 如字又附近之近下

齊女也柯澤鄭地也楚子使師縉示之俘馘師縉楚樂師也俘所得囚也馘所截耳也君子曰非禮也婦人送迎不出門見兄弟不踰閾閾門限也戎事不邇女器邇近也器物也言俘馘非近婦人之物也丁丑楚子入享于鄭為鄭所饗也九獻用上公之禮也九獻酒而禮[illegible]庭中所陳

享于鄭饗也九獻也九獻酒而
礼畢庭實旅百庭中所陳品數百也加籩豆六
品食物六品加於籩豆ゝゝ礼食器也享畢夜出文
芊送于軍取鄭二姬以歸二姬文芊女也
叔詹曰楚王其不沒乎不以壽終也為
礼卒於無ゝ別ゝ不可謂礼將何

禮卒於無別（彼列反）。無別不可謂禮。將何
以沒。諸侯是以知其不遂霸也。言楚
子所以師敗城濮終
終為商臣所弑（弑試也）

經廿有三年春齊侯伐宋圍緡（亡巾反）宋邑也
高平昌邑縣東
南有東緡城也 夏五月庚寅宋公
茲父卒 三同盟也 秋楚人伐陳冬十有一月

茲父卒盟也秋楚人伐陳冬十有

杞子卒　傳例曰不書名未同盟也

杞入春秋稱侯莊廿七年

絀稱伯至此用　絀大文作黜勅律反

夷礼貶稱子也

傳廿三年春齊侯伐宋圍緡以討其

不与盟于齊也　十九年盟于齊以

無忘桓公之德而

宋獨不會役而齊人共

盟鹿上故今討之也

夏五月宋

盟鹿上故令討之也

夏五月宋襄公卒傷於泓故也終子魚之言得死為幸也

秋楚成得臣帥師伐陳討其貳於宋也成得臣子玉也遂取焦夷城頓而還焦今譙縣也夷一名城父今譙郡城父縣也二地皆陳邑也頓國今汝陰南頓縣也子文以為之功使為令尹

薳　爲彼反

頓縣也　子文以為之功使為令尹

叔伯曰子若國何（叔伯楚大夫薳呂臣也以為子玉不任令尹也）對曰吾以靖國也夫有大

功而無貴仕（貴仕貴位也）其人能靖者

與有幾（言必矜功為乱不可不賞也）九月晉惠

公卒（經在明年從赴也）懷公立命無從亡

懷公子圉也

公卒從赴也　懷公立命無從亡
人懷公子圉也亡人重耳也期朞而不至無赦
狐突之子毛及偃從重耳在秦弗
召偃子犯也冬懷公執狐突曰子來則
免未朞而執突以不召子故也對曰子之能仕
父教之忠古之制也策名委質貳

文教之忠否之閒也策名委質貳
乃辟也名書於所臣之策屈膝而君事之則不可以貳也辟
罪也今臣之子名在重耳有年數
矣若又召之教之貳也父教子貳
何以事君刑之不濫君之明也臣
之願也淫刑以逞誰則無罪臣聞

逞　勅景反　本或作呈

呈 本或作遅

之願也淫刑以逞誰則無罪臣聞
命矣乃殺之卜偃稱疾不出曰周
書有之乃大明服 周書康誥言君能大明則民服也
己則不明而殺人以逞不亦難
乎民不見德而唯戮是聞其何後
之有 言懷公必無後於晉也爲廿四年殺懷公張本也 十

[illegible]廿四年弒懷公張本也十

一月杞成公卒書曰子杞夷也成公

始行夷礼以終其身故於卒貶之

也杞實稱伯仲尼以文貶稱子故

傳言書曰子以明之也不書名未同盟也凢

諸侯同盟死則赴以名礼也隱七年已

見今重發不書名者緩除爵故也

此凢又爲國史承告而書例也

此凡又爲國史承告而書例也

赴以名則亦書之謂未同盟也不然則否謂同盟而不以名告也避不敏也敏猶審也同盟然後告名赴者之禮也承赴然後書策史官之制也內外之宜不同故傳重詳其義也

晉公子重耳之及於難也晉人伐諸蒲城事在五年蒲城人欲

也晉人伐諸蒲城五年蒲城人欲
戰重耳不可曰保君父之命而享
其生祿享受也保猶恃也於是乎得人以祿
致衆也有人而校罪莫大焉校報也吾
其奔也遂出奔狄從者狐偃趙衰
〻趙夙弟也顛頡魏武子武子魏犨也司空

弟也　顛頡（戶結反）魏武子　犨（尺由反）也　司空

季子　胥臣臼季（其九反）也時孤毛賈他皆從而獨舉此五人賢而有大功也

狄人伐廧（在良反）咎如　廧咎如赤狄之別種隗姓也

獲其二女叔隗（五罪反）季隗納諸公子　辟也

公子取季隗生伯儵（直由反）叔劉以叔隗妻（七計反）

趙衰生盾（徒本反）　盾趙宣子也

將適齊謂季隗

盾趙宣子　或本作趙宣孟

或本作趙宣孟

趙衰生盾徒本反盖子也

將適齊謂季隗

曰待我廿五年矣不來而後嫁對

我二十五年矣

曰我廿五年矣又如是而嫁則

就木焉言將死入木不復成嫁也請待子處狄

十二年而行以五年奔狄至十六年而去也過衛

々文公不礼焉出於五鹿五鹿衛地也今

衛縣西北有地也名五鹿

或本作

〻文公不禮焉出於五鹿地也今
衛縣西北有地名五鹿陽〻乞食於
平元城縣東亦有五鹿也
野〻人〻與之塊公子怒欲鞭之
古對反又苦怪反
子犯曰天賜也得土有國之祥也
故以為天賜也
稽首受而載之及齊〻桓公妻之
有馬廾乘四馬為乘廾〻公子安之
乘八十匹也

有馬廿乘乘八十匹也公子安之
從者以為不可將行謀於桑下齊桓既卒知孝公不可恃故也
蠶妾在其上以告姜氏〻〻殺之姜氏重耳妻也恐孝公怒其去故殺妾以滅口也
而謂公子曰子有四方之志
其聞之者吾殺之矣公子曰無之

其閒之者吾煞之矣公子曰無之姜曰行也懐與安實敗名公子不可姜與子犯謀醉而遣之醒以戈逐子犯無去志故怒也及曹々共公聞其駢脅欲觀其裸浴薄而觀之薄迫也駢脅合ー

僖負羈妻曰吾觀晉公子之

脅 許業反 說文云駢脅并幹也

廣雅云ー脅

幹謂之幹 助通俗云

幹 古旦反

裸 力果反 又戸化反

浴 音欲

薄 如ー 國語曰ー廡也

傳負羈妻曰吾觀晉公子之從者皆足以相國若以相若遂以爲傳相夫子必反其國反其國必得志於諸侯而誅無禮曹其首也子盍蚤自貳焉自貳自別乃異於曹也饋盤飧寘璧焉臣無境外之交故章用盤藏璧飧中不欲令人

幹謂之 助通俗云 賑下謂之 幹古旦反

飧云孫流反 云餔也 字林云水 流飲也

……其……故……黃

飧云餔也 字林云水流飲也 饋盤飧寘璧焉 其貴交遺也 之致文 用盤藏璧飧中不

欲令人之見也 公子受飧反璧及宋宋襄

公贈之以馬廿乘也 贈送 及鄭鄭文

公亦不礼焉叔詹諫曰臣聞天之 天之所啓不及事

所啓人弗及也 啓開 晉公子有三

焉天其或者將建諸君其礼焉男 諱字也

焉天其或者將建諸君其禮焉男
女同姓其生不蕃 蕃息也 晉公子姬出
也而至於今一也 大戎狐姬之子故曰姬出也
離外之患 出奔在外也 而天不靖晉國
殆將啓之二也有三士足以上人
而從之三也 國語曰狐偃趙衰賈他三人皆卿才也

從之三也狐偃趙衰賈佗三人皆卿才也
晉鄭同儕儕等其過子弟固將禮
焉況天之所啓乎弗聽及楚楚子
饗之曰公子若反晉國則何以報
不穀對曰子女玉帛則君有之羽
毛齒革則君地生焉其波及晉

毛齒革則君地生焉其波及晉國者君之餘也其何以報君曰雖然何以報我對曰若以君之靈得反晉國晉楚治兵遇於中原其避君三舍若不獲命三退不得楚上命也其左執鞭弭右屬櫜鞬以與君周旋

弭莫介反介雅云弓有緣者謂之弭无緣

鞭弭右屬櫜鞬以與君周旋末無緣者也櫜以受箭鞬以受弓也屬著也周旋相追逐也子玉請殺之畏其志大也楚子曰晉公子廣而儉志廣而體儉也文而有礼其従者肅而寬肅敬也忠而能力晉侯無親外内惡之晉侯惠公也吾聞姬姓唐叔

外内恧之　公也　吾聞姬姓唐叔
之後其後衰者也其將由晉公子
乎天將興之誰能廢之違天必有
大咎乃送諸秦秦伯納女五人懷
嬴與焉　懷嬴子圉妻也子圉謚
懷公故號為懷嬴也　奉
匜沃盥既而揮之　匜沃盥器也揮湔也　怒曰
以支反一音以紙反說文云似羹魁柄中有道可注水
湔子賤反　贊一音　揃又音

湔子賢反又子賢反又箭又殘

匜以支反一音以紙反器名也說文云似羹魁柄中有道可注水

匜沃盥既而揮之匜沃盥器也揮湔也怒曰秦晉匹也匹敵何以卑我公子懼降服而囚去上服自拘囚以謝之也他日公享之子犯曰吾不如趙衰之文也有文辭也請使衰從公子賦河水河水逸詩也義取河水朝宗于海海喻秦也公賦六月六月詩小雅也

海之喻秦也　公賦六月小雅也

道尹吉甫佐宣王征伐喻公子還

晉必能匡王國也古者禮會因古

詩以見意故言賦詩斷章也其全

稱詩篇者多取首章之義也他皆

放此也　趙衰曰重耳拜賜公子降拜

稽首公降一級而辭焉下階一級辭公子稽首也

衰曰君稱所以佐天子者命重

也
衰曰君稱所以佐天子者命重
〻耳〻敢不拜詩首章言匡王國
次章言佐天子故
趙衰因通言之也爲明年
秦伯納之晉侯張本也

經廿有四年春王正月夏狄伐鄭秋七
月冬天王出居于鄭襄王也天子
以天下爲家
故所在稱居天子無外而書出者
譏王蔽於匹夫之孝不顧天下之

譏王蔽於匹夫之孝不顧天下之重。曰其避母弟之難。書

晉侯夷吾卒

出言其自絕於周也

文公定位而後告也

未同盟而赴以名也

傳廿四年春王正月秦伯納之不書不告入也

納重耳也

及河子犯以璧授公子曰臣負羈紲從君巡於天下

羈馬羈也

羈曰絡馬頭也　紲息列反說文云繫也

公子曰臣負羈紲從君巡於天下

羈馬羈紲　馬繮也

臣之罪甚多矣臣猶知之而況君乎請由此逃公子曰所不與舅氏同心者有如白水

子犯　重耳　舅也言與舅也言與舅氏同心明　之如此白水也猶詩言謂予不信　有如皦　日也

投其璧于河

質信於　河也

濟河

曰也

投其璧于河

河也

濟河

圍令狐入桑泉取臼衰

桑泉在河東解縣西

解縣東南有臼城也

二月甲午晉師軍于廬

柳

懷公遣軍距重耳也

秦伯使公子縶如晉

郇 音旬

師〻退軍于

解縣西北有郇城也

辛丑狐偃

及秦晉之大夫盟于郇壬寅公子

及秦晉之大夫盟于郇壬寅公子
入于晉師丙午入于曲沃丁未朝
于武宮文公之祖武公廟也戊申使殺懷公
于高梁不書亦不告也懷公奔高
梁〻〻在
平陽楊縣西南再發不告者言外
諸侯入及見殺亦皆須告乃書於
策呂郤畏偪呂甥郤芮惠公舊臣
也故畏為文公所偪害
之

也　呂郤畏偪（彼力反）故畏為文公所偪害
也　之　將焚公宮而弑（音試又作殺）晉侯寺人（本又作侍）披（普皮反）請
見（賢遍反）公使讓之且辭焉（辭不見也）曰蒲城
之役（在五年也）君命一宿女（女本作汝）即至（即日至也）
（女音汝下皆同）
其後余從狄君以田渭（音謂水名）濱（田獵也）女
為（于偽反）惠公來求殺余命女三宿女中（丁仲反下注同）
中宿至（或无至字）

為惠公來求殺余。命女三宿女中
宿至雖有君命何其速也夫袪猶
在披所斬文公衣袂也女其行乎對曰臣謂
君之入也其知之矣知君人之道也若猶
未也又將及難君命無二古之制
也除君之惡唯力是視蒲人狄人

也除君之惡唯力是視蒲人狄人余何有焉當二君世君為蒲狄之人於我有何義也今君即位其無蒲狄乎齊桓公置射鉤而使管仲相乾時之役管仲射桓公中帶鉤也食亦反注君若易之何辱命焉言君反齊桓己將自去不須辱君命也行者甚衆豈唯刑臣披奄人也

命也行者甚衆豈唯刑臣人也
故稱刑臣也公見之以難告呂郤欲焚公宮也
三月晉侯潛會秦伯于王城己丑
晦公宮火瑕甥郤芮不獲公乃如
河上秦伯誘而殺之晉侯逆夫人
嬴氏以歸秦穆女文嬴也秦伯送衛於晉

嬴氏以歸文嬴也秦伯送衛於晉

輯 六集又七 入文本 文作集

三千人實紀綱之僕新有呂郤之難國未集輯睦故以兵衛文公諸門戶僕隷之初事皆秦卒供之為之紀綱也

疏豎未冠者之官名 韓詩外傳晉文公過曹里鳧須從因盜重耳資而亡重耳無糧餒不能行介子推割股以食重

初晉侯之豎頭須守藏者也頭須一曰里鳧須豎左右小使也其出也竊藏以逃文公出時盡用以求納之求納文公也及入

重耳…餒不能行介子推割股以食重耳然後能行

也

盡用以求納之公也及入

津忍反

求見公辭焉以沐謂僕人曰沐則

言沐則俛頭故心反覆也

心〻覆〻則圖反宜吾不得見也

芳服反又芳服反下同

居者為社稷之守行者為羈紲之

僕其亦可也何必罪居者國君而

讎匹夫懼者其眾矣僕人以告公

讎匹夫懼者其衆矣僕人以告公遽見之言棄小怨所以能安衆也狄人歸季隗于晉而請其二子二子伯儵叔劉也文公妻趙衰生原同屏括樓嬰原屏樓三子之邑趙姬請逆盾與其母趙姬文公女也盾狄女叔隗之子也子餘辭子餘趙衰字也姬曰得寵

之子也　餘　衰字也　女曰得寵

而忘舊何以使人必逆之固請許

嫡　本又作適　丁歷反注同

之來以盾為才固請于公以為嫡

子而使其三子下之以叔隗為內

子而己下之　遐嫁反下同

卿之嫡妻為內子也

皆非今年事也蓋因

狄人歸季隗遂

終言叔隗也

晉侯賞從亡者介

之推

晉侯賞從亡者介

終言外愧也

之推不言祿ゝ亦弗及也介之推文公微

臣也之語助也推曰獻公之子九人唯君

在矣惠懷無親外內棄之天未絶

晉必將有主ゝ晉祀者非君而誰

天實置之而二三子以為己力不

天實置之而二三子以爲己力不
亦誣乎竊人之財猶謂之盜況貪
天功以爲己力乎下義其罪上賞
其姦上下相蒙難與處矣其母
曰盍亦求之以死誰懟對曰尤而
效之罪又甚焉且出怨言不食其

尤之。罪又甚焉。且出怨言。不食其
食。怨言謂上下相蒙難與處也其母曰。亦使知
之。若何。既不求之且欲令推達言於文公也對曰。言
身之文也。身將隱焉用文之。是求
顯也。其母曰。能如是乎。與汝。偕隱。
偕俱也遂隱而死。晉侯求之。不獲。以綿

俱也遂隱而死晉侯求之不獲以䋲上為之田曰以志吾過且旌善人旌表也西河介休縣南有地名䋲上也鄭之入滑也滑人聽命入滑在廿年也師還又即衛鄭公子士洩羊朱反堵已皮反俞彌帥師伐滑堵俞彌鄭大夫也王使伯服游孫伯如鄭請滑二子

而執二字本或作而執其二子其衍字也

正云以大上為帝皇之世其次謂三

王使伯服游孫伯如鄭請滑子

周大夫也鄭伯怨惠王之入而不與厲

公爵也事在莊廿一年又怨襄王之與衛

滑也怨王助衛為滑請也故不聽王命而執

二子王怒將以狄伐鄭富辰諫曰

不可臣聞之大上以德撫民無親疏也

正云以大上爲帝皇之世其次謂三五以來然以太上謂人之取太上之聖之人賢愚爲上次非世代之先後

不可臣聞之大上以德撫民踈也
其次親親以相及也先親以及踈推恩以成義
也昔周公弔二叔之不咸故封建
伯仲叔季長幼之次故通謂衰爲叔世將爲季世
親戚以蕃屏周室弔傷也咸同也周公傷夏殷之
叔世踈其親戚以至滅亡故廣封其兄弟以輔佐也管蔡郕
霍魯衛毛聃郜雍曹滕畢原酆郇

霍魯衛毛聃郜雍曹滕畢原酆郇文之昭也十六國皆文王子也管國在滎陽京縣東北雍國在河内山陽縣西畢國在長安縣西北酆國在始平鄠縣東也

邘晉應韓武之穆也四國皆武王子也應國在襄陽城父縣西南也韓國在河東郡界河内野王縣西北有邘城也

胙 才故反 下注祭同

凡蔣邢茅胙祭周公之胤也胤嗣也蔣

胙

凡蔣邢茅胙祭周公之胤也蔣
在弋陽期思縣高平昌邑縣西有
茅鄉東郡燕縣西南有胙亭也
召穆公思周德之不類故糾合宗
族于成周而作詩類善也糾收也
召穆公周卿士
也名虎也召采地也扶風雍縣東
南有邵亭也周厲王之時周德衰
微兄弟道缺召穆公於東都收會
宗族特作此周公之樂歌也常棣
詩[illegible]小

韡　韋鬼反

彊　強作

鬩　呼歷反　争詔　毛詩傳云很也

宗族特作此周公之樂歌也常棣
詩屬小雅也
曰常棣之華鄂不韡ゝ
ゝ也鄂ゝ然華外發也不韡ゝ言
韡ゝ也以喻兄弟和睦則彊盛而
有光輝韡ゝ然也
凡今之人莫如兄弟
言致韡ゝ之盛莫如親兄弟也
其四章曰兄弟鬩于
牆外禦其侮
鬩訟争之貌也言內雖不和猶宜外扞異
族之侵[illegible]

牆外禦其侮雖不和猶宜外扞異族之侵侮也如是則兄弟雖有小忿不廢懿親懿美也今天子不忍小忿以棄鄭親其若之何庸勳親親暱近尊賢德之大者也庸用也暱親也即聾從昧與頑用嚚奸之者也棄德崇奸

日。與頑用嚚姦之者也。棄德崇姦。禍之大者也。崇聚也。鄭有平惠之勳。平王東遷。晉鄭是依。惠王出奔。虢鄭納之也。是其勳也。又有厲宣之親。鄭始封之祖。桓公友。周厲王之子。宣王之母弟也。棄嬖寵而用三良。七年殺嬖臣申侯。十六年殺寵子ゝ華也。三良。叔詹。堵叔。師叔。所謂尊賢也。於諸姬為

叔。師叔所謂尊賢也　於諸姬為
近。道近。當四德具矣。耳不聽五聲
昵之也
之和為聾目不別五色之章為昧
心不測德義之經為頑口不道忠
信之言為嚚狄皆則之四姦具矣
周之有懿德也猶曰莫如兄弟故
當周召時亦言

周之有懿德也猶曰莫如兄弟故封建之當周公時故言周之有懿德也其懷柔天下也猶懼有外侮扞禦侮者莫如親親故以親屏周召穆公亦云周公作詩召公歌之故言亦云也今周德既衰於是乎又渝周召以從諸姦無乃不可

桃如字本或作縣 亘音桃

乎又渝周召以從諸姦無乃不可乎襃周召親兄弟之道也民未忘禍王又興之前有子頹之亂中有叔帶召狄故曰民未忘禍也其若文武何言將廢文武之功業王弗聽使頹叔桃子出狄師二子周大夫也夏狄伐鄭取櫟王德狄人將以其女為后富辰

櫟王德狄人將以其女爲后富辰諫曰不可臣聞之曰報者倦矣施者未厭於豔反又於塩反施功勞也有勞則望報過甚也狄固貪惏惏力南反方言云殺人而取其財曰惏王又啓之女德無極婦怨無終婦女之志近之則不知止足遠之則忿怨無已終猶已也狄必爲患王又弗聽初甘昭公有寵於惠后

患王又弗聽初甘昭公有寵於惠后甘昭公王子帶也食邑於甘甘河南縣西南有甘水也惠后將立之未及而卒昭公奔齊奔齊在十二年王復之在廿二年又通於隗氏隗氏王所立狄后也王替隗氏替癈也之頽叔桃子曰我實使狄狄其怨我遂奉大叔以

我實使狄〻其怨我遂奉大叔以狄師攻王〻御士將禦之周礼王之禦士十二人也王曰先后其謂我何先后恵后也誅大叔恐違先后志也寧使諸侯圖之王遂出及坎欿國人納之坎欿周地也在河南鞏縣東也秋頹叔桃子奉大叔以狄師伐周

秋頹叔桃子奉大叔以狄師伐周
大敗周師獲周公忌父原伯毛伯
富辰原毛皆采邑也王出適鄭處于氾鄭南
氾也在襄城縣南也大叔以隗氏居温鄭子
華之弟子臧出奔宋十六年殺子華故也好聚
鷸冠鷸鳥名聚鷸羽以爲冠非法之服也鄭伯聞而

鷸冠。尹橘反。翠鳥。聚鷸羽為冠。非法之服也。鄭伯聞而
惡之。惡其服非法也。使盜誘之。八月。盜殺
之于陳宋之間。君子曰。服之不衷。衷音忠。
身之災也。衷猶適也。詩曰。彼己之子。不
稱其服。詩曹風。刺小人在位。言彼己之子。德不稱服也。子
臧之服。不稱也夫。詩曰。自詒伊慼。

已　此字不讀

臧之服　一本作之服之反

臧之服不稱也夫詩曰自詒伊慼
其子臧之謂矣詩小雅也詒遺也慼憂也取其自遺憂
也夏書曰地平天成稱也夏書逸書也地平其
化天成其施上下相稱為宜也宋及楚平宋成公
如楚還入於鄭鄭伯將享之問禮
於皇武子皇武子鄭卿也對曰宋先代之

膰　符袁反　周礼又作此字　音義皆ヿ

於皇武子鄭卿也對曰宋先代之後也於周為客天子有事膰焉有事祭宗廟也膰祭肉也尊之故賜以祭胙也有喪拜焉宋弔周喪王特拜謝之也豐厚可也鄭伯從之饗宋公有加礼也礼物事々加厚也善鄭能尊先代也之冬王使來告難曰不穀得罪于

一本作但无此字為正

乃旦反下同

不德

冬王使來告難曰不穀得罪于

母弟之寵子帶鄙在鄭地氾　鄙野也

氏一本作但无此字為正　無此字為正

在叢　氏字无證本但諸本或有慶谷云有此等字者也

敢告叔父　天子謂同姓諸侯曰叔父也　臧文仲

對曰天子蒙塵于外敢不奔問官

守　官守王之羣臣也　王使簡師父告于晉

使左鄢父告于秦　二子周大夫也　天子無

使左鄢父告于秦　大夫也　天子無
出書曰天王出居于鄭避母弟之
難也　叔帶襄王同母弟也　天子凶服降名禮
也　凶服素服也降名稱不穀也　鄭伯與孔將鉏
石甲父侯宣多省視官具于氾　三子
鄭大夫也省官司具器用也　而後聽其私政禮
得先告後

司其器用也　而後聽其私政礼

得先君後　衛人將伐邢礼至曰

也　已之礼也

不得其守國不可得也　礼至衛大

夫也守謂

邢正卿　我請昆弟仕焉乃往得仕

國子也

為明年滅

邢傳也

經廿有五年春王正月丙午衛侯燬滅邢　記季反

衛邢同姓…見　為路反

經廿有五年春王正月丙午衛侯燬滅邢衛邢同姬姓也惡其親之相滅故稱名罪之夏四月癸酉衛侯燬卒無傳五同盟也宋蕩伯姬來逆婦無傳伯姬魯女為宋大夫蕩氏妻也自為其子來逆稱婦姑存之辭也婦人越境逆婦非礼故書也之宋殺其大夫無傳其事則未聞也於例為大夫無罪故不稱名也

其大夫為大夫無罪故不稱名也

之秋楚人圍陳納頓子于頓頓子迫於陳而出奔楚故楚圍陳而以納頓子不言遂明一事也子玉稱人從告也頓子不言歸興師見納故也

葬衛文公無傳

冬十有二月癸亥公會衛子莒慶盟于洮〻魯地也衛文公既葬成公不稱爵者述父之志降名從未成君故書

正元年盟于洮注云魯地毋年魯始尋魯地

于河不稱爵者述父之志降名從（他刀反）

非天子重地母弟魯始得書地此時不得為魯地注誤耳

未成君故書子以善之

莒慶不稱氏未賜族也

傳廿五年春衛人伐邢二礼從國子

正曰掖本持臂之名遂臂謂下臂上為掖是回名恃而相走也

巡城掖以赴外殺之正月丙午衛

（音亦説文云手持人臂曰掖）

侯燬滅邢同姓也故名礼至自以

為銘曰余掖殺國子莫余敢止

（二字才无）（惡　下　烏路反）

不知礼誅以親同姓□□

爲銘曰余掖殺國子莫余敢止不知恥詐以滅同姓而反銘功於器也秦伯師于河上將納王狐偃言於晉侯曰求諸侯莫如勤王勤納王也諸侯信之且大義也繼文之業而信宣於諸侯今爲可矣晉文侯仇爲平王侯伯匡輔周室也使卜偃

焉可矣
侯伯匡輔周室也
使卜偃卜之曰吉遇黃帝戰于阪泉之兆
補板文或一音校
黃帝与神農之後姜氏戰於阪泉之野勝之令得其兆故以為吉也
公曰吾不堪也
文公自以為已當此兆故曰不堪也
對曰周礼未改令之王古之帝也
言周德雖衰其命未改令之周王自當帝不謂晉也

帝也周王自當帝不謂晉也

公曰筮之筮之遇大有䷍乾下離上大有

之睽䷥兊下離上睽大有九三變而之睽也曰吉遇

睽苦圭反徐音圭

公用享于天子之卦大有九三爻辭也三為三

公而得位變而為兊ゝ為説得位而悅故能為王所宴饗也戰

克而王饗之吉孰大焉言卜筮且協吉也

[illegible]方便總言二卦之義

克而王饗之吉孰大焉　協吉也　且是卦也　方更揔言二卦之義　之義不繫於一爻也　天為澤以當日天子降心以逆公不亦可乎　乾為天兌為澤乾變為兌而　上當離〻為日〻之在天垂　曜在澤天子在上悅心在　下是降心逆公之象也　大有去睽而復亦其所也　言去睽卦還論　大有亦有天子

睽而復亦其所也大有亦有天子
降心之象乾尊離卑
降尊下卑亦其義也晉侯辭秦師
辭讓秦師使還也
而下順流故曰下也三月甲辰
次于陽樊右師圍溫大叔在溫故也左師
逆王夏四月丁巳王入于王城取
大叔于溫殺之于隰城戊午晉侯

太叔于温殺之于隰城戊午晉侯朝王王享醴命之宥既行饗禮而設醴酒又加之以幣帛以助歡也宥助也請隧弗許闕地通路曰隧王之葬禮也諸侯皆縣柩而下曰王章也章顯王者與諸侯異也未有代德而有二王亦叔父之所惡也與之陽樊温原欑茅之田

文之所惡也与之陽樊溫原欑茅
之田晉於是乎始啓南陽在晉山南
河北故曰南陽也陽樊不服圍之倉葛呼
曰倉葛陽樊人也德以柔中國刑以威四
夷宜吾不敢服也此誰非王之親
姻其俘之也乃出其民取其土而已也秋

姻。其俘（芳扶反）之也。乃出其民　而已也　秋

秦晉伐鄀（音若。字林云楚邑。諸斫反）本在商密。秦楚界上小國也。其後遷於南郡鄀縣也

楚鬬克屈禦（魚呂反）寇以申息之師戍商密　鬬克申公子儀也。屈禦寇息公子邊也。商密鄀別邑。今南鄉丹水縣也。戍守也。二子屯兵於析以為商密援（于眷反）也

秦人過（古臥反又古禾反）析（星歷反俗作析）隈（烏迴反）入而係（音計）輿（音餘）人以圍商密昏

過析隈入而係輿人以圍商密昏
古卧反 星歷反 烏迴反 古計 音餘
而傳焉 析楚邑也一名白羽今南
鄉析縣也隈隱蔽之處也
係輿人詐為克析得其囚俘者昏
而傳城不欲令商密知因非析人
也 宵坎血加書偽与子儀子邊盟
者 掘地為坎以埋盟之 商密人懼
餘血加盟書其上也
曰秦取析矣戍人反矣乃降秦乙

曰秦取析矣戍人反矣乃降秦〻師〻囚申公子儀息公子邊以歸商密既降析戍亦敗故得囚二子也楚令尹子玉追秦師弗及不復言晉者秦爲兵主也遂圍陳納頓子于頓爲頓圍陳也冬晉侯圍原命三日之糧原不降命去之諜出諜間

三日之糧原不降命去之諜出曰（諜間
也）
曰原將降矣軍吏曰請待之公
曰信國之寶也民之所庇也得原
失信何以庇之所亡滋多退一舍（庇 文利反又音祕）
而原降遷原伯貫于冀（貫 古乱反）（伯貫周守原大夫也）
趙衰為原大夫狐溱為温大夫（狐溱）（溱 側巾反）

趙衰爲原大夫狐溱爲溫大夫溱狐毛之子也衛人平莒于我十二月盟于洮脩衛文公之好且及莒平也莒以元年酈之役怨魯衛文公將平之未及而卒成公追成父志降名以行事故曰脩文公之好也晉侯問原守於寺人勃鞮勃鞮披也對曰昔趙衰以壺飧從

從舊如一讀以壺飧從終句讀徑爲經連下句非杜意

勃鞮披也對曰昔趙衰以壺飧從徑餒而弗食言其廉且仁不忘君也徑猶行也故使處原也從披言也衰雖有大功猶簡小善以進之示不遺勞也

經廿有六年春王正月己未公會莒子衛甯速盟于向向莒地也速衛大夫甯

子衛甯速盟于向
速衛大夫甯莊子也　鄒亮反

齊人侵我西鄙公追齊師至

巂　本文作巂鄭戶圭反注〻一本似轉反

酅弗及
公逐齊師遠至齊地故書之濟北穀城縣西有地名酅下也

夏齊人伐我北鄙
孝公未入魯境先使微者伐也

衛人伐齊公子遂如楚乞師
公子遂魯卿也乞不保得之辭也

秋楚人滅夔以
夔　求龜反

不保得之辞也　秋楚人滅夔以夔子歸　夔楚同姓國也今建平秭歸縣也夔有不祀之罪故不譏楚滅同姓也　冬楚人伐宋圍緡公以楚師伐齊取穀　傳例曰師能左右之曰以也　公至自伐齊　無傳

傳廿六年春王正月公會莒茲丕公

[illegible]

僖廿六年春王正月公會莒茲丕公
茲丕時君之號也莒
夷無謚以號為稱也寗莊子盟于
向尋洮之盟也洮盟在前年也齊師侵我
西鄙討是二盟也夏齊孝公伐我
北鄙衛人伐齊洮之盟故也公使
展喜犒師勞齊師也使受命于展禽柳下
惠

展喜犒師（犒苦報反下同　犒勞也）使受命于展禽（下
惠也）齊侯未入境展喜從之曰寡君
聞君親舉玉趾將辱於敝邑使下
臣犒執事（言執事不敢斥尊也）齊侯曰魯人
恐（曲勇反下及注皆同）乎對曰小人恐矣君子則否齊
侯曰室如縣罄野無青草何恃而

傳曰室如縣罄野無青草何恃而不恐如而也時夏四月今之二月野物未成故言居室而資粮縣盡在野則無疏食（疏ｲ作蔬）之物所以當恐也對曰恃先王之命昔周公大公股肱周室夾輔（古洽反舊古協反）成王〻〻勞之而賜之命（盟ｲ作）曰世〻子孫無相害也載在盟府載書也太（大ｲ作）

子孫無相害也載在盟府書也太
職之師。職主也大公為大師兼主司盟之官也桓公是以
糾合諸侯而謀其不協彌縫其闕而
匡救其災昭舊職也及君即位諸
侯之望曰其率桓公之功率循也我
敝邑用是不敢保聚用此舊盟故不敢聚衆保

敝邑用是不敢保聚不敢聚衆保守也曰豈其嗣世九年而棄命廢職其若先君何君必不然恃此以不恐齊侯乃還東門襄仲臧文仲如楚乞師襄仲居東門故以為氏也臧文仲為襄仲副使故不書也臧孫見子玉而導之伐齊宋以

也臧孫見子玉而導之伐齊宋以其不臣也言其不臣事周室以此罪責而伐之也夔（求龜反）子不祀祝融與鬻（餘六反）熊祝融高辛氏之火正楚之遠祖也鬻熊祝融之十二世之孫也夔楚別封故亦世紹其祀也楚人讓之對曰我先王熊摯有疾鬼神弗赦而自竄（七亂反）于夔熊摯楚嫡（丁歷反）子有疾不得嗣位故別

鬼神弗赦而自竄于夔（竄七乱反）（子有疾不得嗣位故別封為夔子也）吾是以失楚又何祀焉（竊其常祀而飾辭文過也）秋楚成得臣鬬宜申帥師滅夔以夔子歸（成得臣令尹子玉也鬬宜申司馬子西也）宋以其善於晉侯也（重耳之出也宋襄公贈馬廿乘也）叛楚即晉冬楚令

贈馬廿乘也　叛楚即晉冬楚令
尹子玉司馬子西帥師伐宋圍緡
公以楚師伐齊取穀凡師能左右
之曰以　左右謂進退在己也　寘桓公子雍於
穀易牙奉之以為魯援　雍与孝
公爭立故
使居穀以　楚申公叔侯戍之　為廿
逼齊也　八年
楚子使申叔去

逼僭也

楚申公叔侯戍之　八年

楚子使申叔去穀張本也

桓公之子七人為七大夫於楚

言孝公不能撫公族也

春秋卷第六

經六千三百九十六字
注五千三百七十二字

本奧云

[illegible]

文永二年正月七日以清参州
之本加點校了
大本奥云　大本奥云
治承四年六月廿六日以中比校家
大本了于時在備州新郡　大外史在判
建保二年三月廿四日以家説授仲宣了　助教在判
同三年四月廿七日校家本了　在判
承久二年六月廿九日授仲説了　在判

承久三年六月廿九日授仲光了　在判

正元〻年三月八日以家説授中外史二千石了　散位親尚

文永五年九月廿五日以累家秘説授申越後次郎尊閣了

音博士清原

經弁通先生講説之席畢

于時弘安十年丁亥仲冬廿日

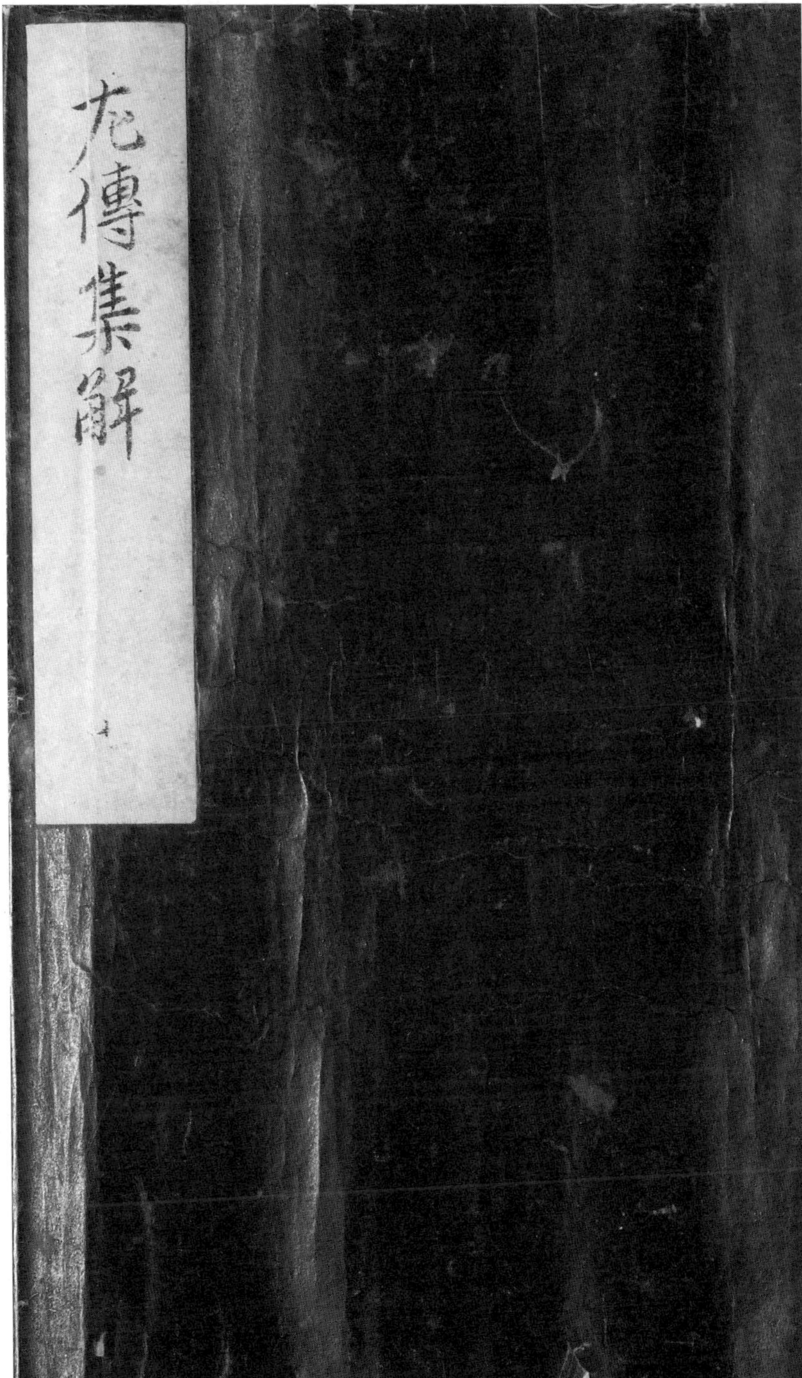
左傳集解

正十三

春秋經傳集解襄[illegible]第[illegible]　杜氏　盡[illegible]

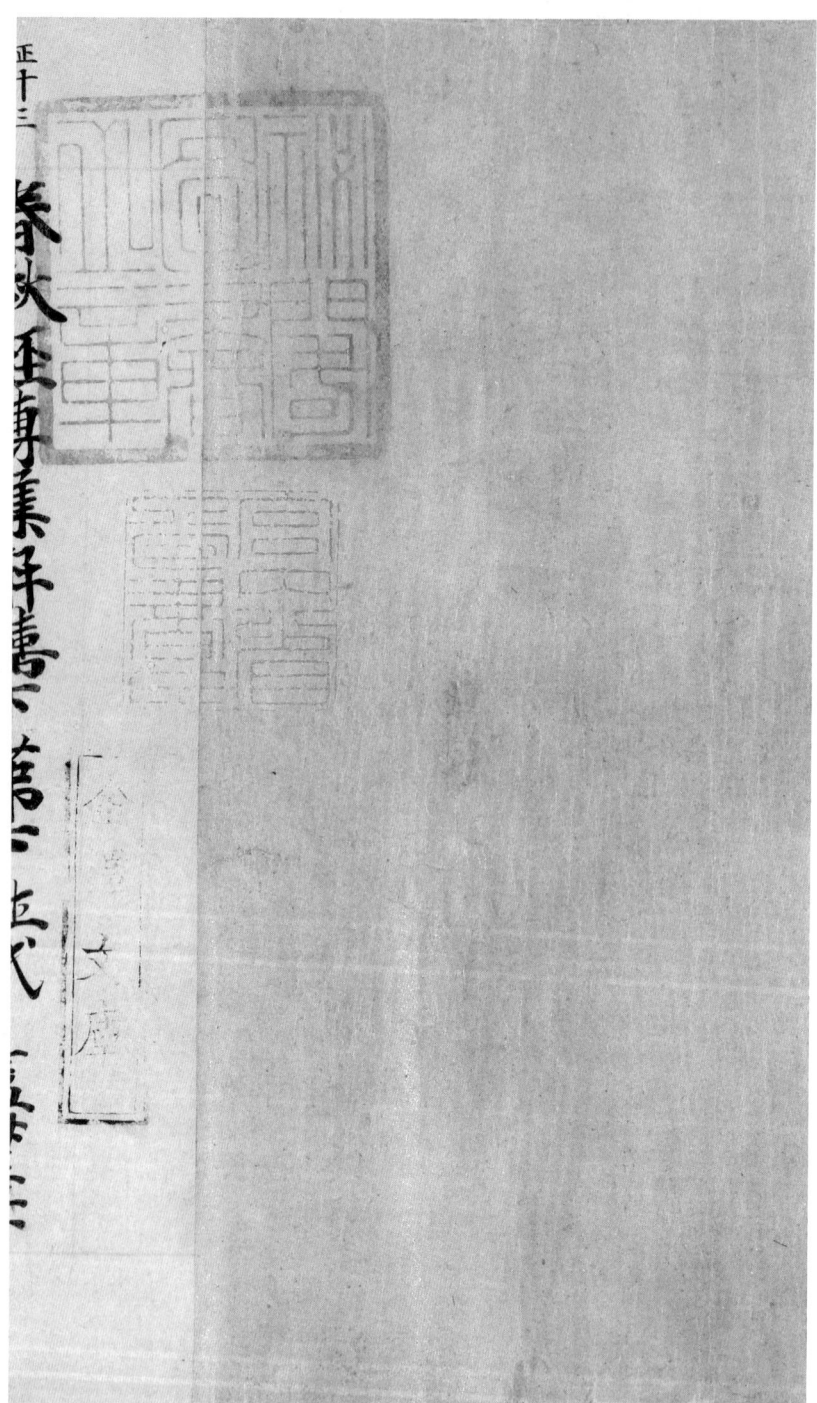

正十三

春秋經傳集解僖下第七　杜氏　盡卅三年

杞子来朝莊二十七文成四年十八年杞伯来朝

經廿有七年春杞子来朝　夏六月庚寅齊侯昭卒十九年与魯大夫盟於齊　秋八月乙未葬齊孝公無傳三月而葬速也　乙巳公子遂帥師入杞弗地曰入八月無乙巳乙巳九月六

子遂師師入杞
乙巳乙巳九月六
日
也冬楚人陳侯蔡侯鄭伯許男圍
宋傳言楚子使子玉去宋經書人者恥不得志以微者告也猶序
諸侯之上楚主兵故也
十有二月甲戌公會
諸侯盟于宋無傳諸侯伐宋公与楚有好而往會之非
後期也宋方見圍無嫌
於与盟故直以宋地也

於与盟故直以宋地也十元

傳廿七年春杞桓公来朝用夷礼故

曰子　杞先代之後而迫於東夷風

俗雜壞言語衣服有時而夷

故杞子卒傳言其夷也今稱朝者

始於朝礼終而不全異於介葛盧

故唯賤其爵也十元

公卑杞〻不恭　杞用夷礼故賤之也十元

共 秦本亦作恭下注同

夏齊孝公卒有齊怨不　前年齊再伐魯也十元

夏齊孝公卒有齊怨伐魯也不

廢喪紀禮也弔贈之數不有廢也秋入杞責

責禮也本或作責無禮者非服氏文無之

無禮也責不共也楚子將圍宋使子文

治兵於睽子文時不爲令尹故云使也治兵習號令也睽

睽苦圭反又音圭

楚邑終朝而畢不戮一人終朝自旦及食時也

如字注同

子文欲委重於子玉故略其事也子玉復治兵於

扶又反

玉故略其事也　子玉復治兵於
蔿子玉為令尹故蔿楚邑也終日而畢鞭七
人貫三人之耳國老皆賀子文〻
〻飲之酒賀子玉堪其事之也蔿賈尚幼後
至不賀蔿賈伯嬴孫叔敖之父也幼少也子文問
之對曰不知所賀子之傳政於子

之對曰不知所賀子之傳政於子
玉曰以靖國也靖諸内而敗諸外
所獲幾何子玉之敗子之舉也舉
以敗國將何賀焉子玉剛而無礼
不可以治民過三百乘其不能以
入矣苟入而賀何後之有三百乘二萬二
千五

入矣苟入而賀何後之有二萬二千五百人

冬楚子及諸侯圍宋〻公孫

固如晉告急公孫固宋莊公孫也先軫曰報

施救患取威定覇於是乎在矣先軫

晉下軍之佐原軫也報宋贈馬之施也狐偃曰楚始

得曹而新昏於衛若伐曹衛楚必

得曹而新婚於衛若伐曹衛楚必
救之則齊宋免矣前年楚使申叔侯戍穀以逼齊偪之也
於是乎蒐于被廬晉常以春蒐禮改政令敎其始也被廬晉地也
作三軍閔元年晉獻公作二軍今復大國之禮也
謀元帥中軍帥也
趙衰曰郤縠可
臣亟聞其言矣說禮樂而敦詩〻

臣亟聞其言矣説礼樂而敦詩〻
書〻義之府也礼樂德之則也德
義利之本也夏書曰賦納以言明
試以功車服以庸尚書虞夏書也賦納以言觀其
志也明試以功考其事也車服以庸報其勞也賦猶取也庸功也
君其試之乃使郤穀將中軍郤溱

君其訓之乃使郤穀將中軍郤溱佐之使狐偃將上軍讓于狐毛而佐之狐毛偃之兄也命趙衰為卿讓於欒枝先軫欒枝貞子也欒賓之孫也使欒枝將下軍先軫佐之荀林父御戎魏犫為右荀林父中行桓子也晉侯始入而教其民

才下二十五年定襄王以示事君之義

右行桓子也晉侯始入而教其民

二年欲用之廿四年入也子犯曰民未

知義未安其居無義則苟生也於是乎出

定襄王廿五年出定王示以事君之義也入務利

民〻懷生矣將用之子犯曰民

未知信未宣其用宣明也未明於見用之信也

未知信未宣其用見用之信也
於是乎伐原以示之信伐原在廿五年
民易資者不求豐焉不詐以求多也明徵
其辭重言信也公曰可矣乎子犯曰民
未知禮未生其共於是乎大蒐以
示之禮蒐順少長明貴賤也作執秩以正其
執秩主爵

示之禮明貴賤也作執秩以正其官[執秩主爵秩之官也]民聽不惑而後用之出穀戍釋宋圍[楚子使申叔去穀子玉去宋也]一

濮

戰而霸文之教也[謂明年戰城濮也]

經廿有八年春晉侯侵曹晉侯伐衛[再舉晉侯者曹衛兩來告也]公子買戍衛不卒

刺[公子買魯大夫子叢也內]

衛兩來告也　公子買戍衛不卒
戍刺之　公子買魯大夫子叢也内煞大夫皆書刺言用周礼
三刺之法示不枉濫也公實畏晉
殺子叢而誣子叢以癈戍之罪恐
不為遠近所信
故顯書其罪也　楚人救衛三月丙
午晉侯入曹執曹伯畀宋人　畀与也執
諸侯當以歸京師晉欲怒楚使
戰故以與宋所謂譎而不正也

濮

戰故以與宋所謂譎而不正

四月己巳晉侯齊師宋師秦師及

楚人戰于城濮楚師敗績

宋公齊國歸父

秦小子憖既次城濮以師屬晉不

與戰也子玉及陳蔡之師不書楚

人恥敗告文略也

大崩曰敗績也

楚殺其大夫得

臣

子玉違其君命以取

敗稱名以殺罪之也

衛侯出奔

臣敗稱名以殺罪之也　衛侯出奔
楚五月癸丑公會晉侯齊侯宋公
蔡侯鄭伯衛子莒子盟于踐土
歃所給反本又作唼
鄭地也　王子虎臨盟不同歃故不
書衛侯出奔其弟叔武攝位受盟
非王命所加從未成君之禮故稱
子而序鄭伯之下經書癸丑月十
八日也傳書癸亥月廿八　陳侯如
日也經傳必有誤者也
[illegible]

成十八傳云凡去其國〻逆而立之曰入復其位曰

日也。經傳必有誤者也。陳侯如

會　無傳。陳本与楚。楚敗故懼而屬晉。來不及盟。故曰如會也。之

公朝于王所　無傳。王在踐土。非京師。故曰王所也。

六月衛侯鄭自楚復歸于衛　復其位曰復歸。晉人感叔武之賢而復衛侯。衛侯之入由於叔武。故以國逆爲文也。例在成十八年也。

衛元咺出奔晉　元咺衛大夫也。雖爲叔武訟所失君臣之節故

逢而立之合曰入復其位曰復歸諸侯納之曰歸以惡入曰復入八年也衛元咺出奔晉大夫也
雖為叔武訟訴失君臣之節故陳
無賢文也奔例在宣十年也
侯款卒無傳九四同盟也秋杞伯姬来無傳
莊公女也歸寧曰来公子遂如齊无傳聘也冬公
會晉侯齊侯宋公蔡侯鄭伯陳子
莒子邾子秦人于溫陳共公稱子先君未葬例
九年傳云春在九年宋襄公稱子自在公在陳

莒子邾子秦人于温先君未葬例在九年宋襄公稱子自在本班陳共公稱子降在鄭下陳懐公稱子而在鄭上傳無義例蓋王會所次非襃貶也

九年傳云春宋桓公卒未葬而襄公會諸侯故曰子凡在喪王曰小童公侯曰子

天王狩于〻〻晉地也今河内有河陽河陽縣也晉實召王為其辭逆而意順故經以王狩為辭也

壬申公朝于王所壬申十月十日也有日無月史闕文也

晉人執衛侯歸

成十五年傳文凡君不道於民諸侯討而執之則曰某人執某侯不然則否

無月史闕文也十九

晉人執衛侯歸之于京師稱人以執罪及民也例在成十五年諸侯不得相治故歸之京師也十九

衛元咺自晉復歸于衛元咺與衛侯訟得勝而歸從國逆例者明衛侯無道於民國人與元咺也十九

諸侯遂圍許會溫諸侯也許比再會不至故因會共伐之也十九

曹伯襄復歸于曹晉感侯獳之言而復

之也

曹伯襄復歸于曹

之言而復曹伯故從國逞之例也

遂會諸侯圍許

言遂得復而行不歸國也

傳廿八年春晉侯將伐曹假道于衛

曹在衛東故也

衛人弗許還自南河濟

從汲郡南渡出衛南而東也

侵曹伐衛正月戊申

衛

南而東也
取五鹿 地也 衛 二月晉郤縠卒原
軫將中軍胥臣佐下軍上德也 先軫
以下軍佐超將中軍故曰上德也 胥臣司空季子也 晉侯齊
侯盟于斂盂 衛地也 衛 衛侯請盟晉
人弗許衛侯欲與楚國人不欲故

人弗許衛侯欲与楚國人不欲故
出其君以說于晉衛侯出居于襄
牛衛地也公子買戍衛晉伐衛楚之婚姻
也魯欲与楚故戍衛也楚人救衛不克公懼
於晉殺子叢以說焉公子叢而殺之以謝晉也
謂楚人不卒戍也詐告楚人言子叢不終戍事而
歸故殺之也殺子叢在[illegible]

謀　正義云 謀字或作誦 誦誤歟

在裏

謂楚人不卒戍也 叢不終戍事而
歸故殺之也殺子叢在楚救衛
下経在上者救衛赴晩至也晉
侯圍曹門焉多死 攻曹城 曹人尸
門也
諸城上 磔晉死人 晉侯患之聽輿
於城上也
人之誦稱舍於墓 輿衆也舍墓 師
爲將發冢也
遷焉曹人兇懼 遷至曹人墓也
兇兇恐懼之聲

在裏

遷焉曹人兇懼　兇〻恐懼之聲也

為其所得者棺而出之因其兇

也而攻之三月丙午入曹數之以

其不用僖負羈而乘軒者三百人

也且曰獻狀　軒大夫車也言其無德居位者多故責其功狀

令無入僖負羈之宮而免其

也

令無入僖負羈之宮而免其

族報施也報飧璧之施也魏犫顛頡怒曰

勞之不圖報於何有二子各有從亡之勞也

爇僖負羈氏也爇燒也魏犫傷於胷公

欲殺之而愛其材也使問且視

之病將殺之魏犫束胷見使者曰

三 与如字又息暫反百音陌勵也下放此

之病將殺之魏犫束胸見使者曰
以君之靈不有寧也言不以病故自安寧也
距躍三百曲踊三百距躍超越也曲踊跳踊也百猶勵也
乃舍之殺顛頡以徇于師立
舟之僑以為戎右舟之僑故虢臣也閔二年奔晉以代魏犫爲先歸張本也
宋人使門尹般如晉

先歸（張本也）宋人使門尹般如晉師告急（門尹般宋大夫也）公曰宋人告急舍之則絶（與晉絶也）告楚不許我欲戰矣齊秦未可若之何（未肯戰也）先軫曰使宋人舍我而賂齊秦（求救於齊秦也）藉之吉楚（假借齊秦使為宋請也）我執曹君而

之告楚（爲宋請也）我執曹君而分曹衛之田以賜宋人楚愛曹衛必不許也（不許齊秦之請也）喜賂怒頑能無戰乎（言齊秦喜得宋賂而怒楚之頑必自戰也不可告請故曰頑之也）公說執曹伯分曹衛之田以畀宋人楚子入居于申（在方城内故

以畀宋人楚子入居于申城内故曰入也使申叔去穀廿六年申叔戍穀也使子
玉去宋曰無從晉師晉侯在外十
九年矣而果得晉國晉侯生十七年而亡十九年而反凡卅六年至此卌年矣險阻艱難備嘗
之矣民之情僞盡知之矣天假之

之矣民之情僞盡知之矣天假之
年獻公之子九人唯文公在故曰天假之年之也而除其
害除惠懷呂郤也天之所置其可廢乎軍
志曰允當則歸無求過分也軍志兵書也又曰
知難而退又曰有德不可敵此三
志者晉之謂矣謂令与晉遇當子用此三志也

者晉之謂矣（用此三志也）子玉使伯棼請戰（伯棼子越椒也鬬伯比之孫也）曰非敢必有功也願以間執讒慝之口（間執猶塞也讒慝若蔿賈之言謂子玉不能以三百乘入也）王怒少與之師唯西廣東宮與若敖之六卒實從之（楚子還申遣此兵以就前圍宋）之衆楚有左右廣又太子有宮甲

敖之六卒實從之兵以就前圍宋
之衆楚有左右廣又太子有宮甲
分取以給之也若敖楚武王之祖
父葬若者子玉之祖也六卒子玉
圍人之兵六百人言不悉師以益
也子玉使宛春告於晉師曰請復
衛侯而封曹臣亦釋宋之圍衛侯未出
竟曹伯見執在宋已矣子犯曰子
位故言復衛封曹也

位故言復衛封曹也子犯曰子
玉無礼哉君取一臣取二君取一以釋宋
圍惠晉侯也臣取二言
復曹衛為己功也不可失矣可
伐
也
先軫曰子與之定人之謂礼楚
一言而定三國我一言而亡之我
則無礼何以戰乎不許楚言是棄

則無禮何以戰乎不許楚言是棄
宋也救而棄之謂諸侯何言將為諸侯所
怪也楚有三施我有三怨怨讎已多
將何以戰不如私許復曹衛以攜
之私許二國使告絕於楚而後復之也攜離也執宛春
以怒楚既戰而後圖之須勝負決乃定計也

以怒楚既戰而後圖之　乃定計也
公説乃拘宛春於衛且私許復曹
衛〻〻告絶於楚子玉怒從晉師
〻〻退軍吏曰以君避臣辱也且
楚師老矣何故退子犯曰師直為
壯曲為老直豈在久乎微楚之恵

壯曲爲老直豈在久乎微楚之惠
不及此重耳過楚〻成王有贈送之惠也退三舍
避之所以報也一舍卅里初楚子云若反國何以報
我故以退三舍爲報也背惠食言以亢其讎
亢猶當也讎謂楚也我曲楚直其衆素飽不
可謂老直氣盈飽之也我退而楚還我將

可謂老飽之也我退而楚還我將何求若其不還君退臣犯曲在彼矣退三舍楚衆欲止子玉不可夏四月戊辰晉侯宋公齊國歸父崔夭秦小子憖次于城濮國歸父崔夭齊大夫也小子憖秦穆公子也城濮衛地也楚師背酅而舍

子也城濮衛地也楚師背酅而舍
酅丘陵險晉侯患之聽輿人之誦
阻若也
恐衆畏險故
聽其歌誦也曰原田每每舍其舊
而新是謀高平曰原喻晉軍美盛
若原田之草每每然可
以謀立新功不公疑焉疑衆謂己
足念舊惠也背舊謀新
也子犯曰戰也戰而捷必得諸侯

子犯曰戰也戰而捷必得諸侯若其不捷表裏山河必無害也晉國外河而内山也公曰若楚惠何欒貞子曰漢陽諸姬楚實盡之貞子欒枝也水北曰陽姬姓之國在漢北者楚盡滅也思小惠而忘大恥不如戰也晉侯夢與楚子搏搏手搏也

不如戰也晉侯夢与楚子搏

楚子伏己而盬其腦 盬唼也 是以懼

腦乃老反　唼子合反又所洽反又子甲反　搏也　盬音古

子犯曰吉我得天楚伏其罪吾且

向或作嚮許亮反　下～

柔之矣 晉侯上嚮故得天楚子下向地故伏其罪也腦所以柔物也子犯審見事宜故權言以荅夢之也 子玉使鬭

勃請戰 鬭勃楚大夫也 曰請与君之士戲

勅請戰大夫也曰請与君之士戲

君馮軾而觀之得臣與寓目焉

也

晉侯使欒枝對曰寡君聞命矣

楚君之惠未之敢忘是以在此爲

大夫退其敢當君乎既不獲命矣

不獲止敢煩大夫謂二三子煩鬪

命也勅令

在裏

命也 敢煩大夫謂二三子 勑令 力足反

戒勑子玉子西之屬也 戒爾車乘敬爾君事

詰朝將見 詰朝平旦也 晉車七百乘

韅靷鞅靽 五万二千五百人也在背曰韅在胷曰靷在腹曰鞅在後曰靽言駕乘脩備也

晉侯登有莘之墟

以觀師曰少長有禮其可用也 有莘

以觀師曰少長有礼其可用也莘
故國名也少長
猶言小大也
遂伐其木以益其
兵伐木以益攻戰之
具輿曳柴亦是也
己巳晉師陳
于莘北胥臣以下軍之佐當陳蔡
子玉以若敖之六卒將中軍曰今
日必無晉矣子西將左子上將右
子西闘宜申也

曰必無晉矣子玉將左子上將右
子西鬪宜申也子上鬪勃也胥臣蒙馬以虎皮
先犯陳蔡〻〻奔楚右師潰陳蔡屬楚
右師也狐毛設二旆而退之旆大旗也又建
二旆而退使若大將稍却者也欒枝使輿曳柴而
僞遁曳柴起塵詐為衆走也楚師馳之原軫

偽遁徒困反為衆走也楚師馳之原軫
郤溱以中軍公族橫擊之公族公所率之
軍也狐毛狐偃以上軍夾古洽反又云頰攻子西楚
左師潰楚師敗績子玉收其卒而
止故不敗三軍唯中軍完是大崩也晉師三日
館穀館舍也食楚軍穀三日也及癸酉而還甲

館穀軍穀三日也及癸酉而還甲午至于衡雍作王宮于踐土衡雍鄭地也今滎陽卷縣也襄王聞晉戰勝自往勞之故為作王宮也鄉役之三月鄉猶屬也城濮役之前月也鄭伯如楚致其師為楚師既敗而懼使子人九行成于晉子人氏九名也晉欒枝入

人九行成于晉九名也晉欒枝入
盟鄭伯五月丙午晉侯及鄭伯盟
于衡雍丁未獻楚俘于王駟介百
乘徒兵千人駟介駟馬被甲也徒兵步卒也鄭伯
傅王用平礼也傅相也以周平王享晉文侯仇之礼享晉侯也
己酉王享醴命晉侯宥既饗又命

僕也已而王享醴命晉侯宥又命
晉侯助以東帛王命尹氏及王子
以將厚意也
虎內史叔興父策命晉侯爲侯伯
以策書命晉侯爲伯也周禮九命
作伯尹氏王子虎皆王卿士也叔興
周大夫也三官命賜之大輅之服
之以寵晉之也
戎輅之服大輅金輅戎輅戎車彤
也二輅各有服也

玈 音盧 本文作旅字非也 矢千本或作玈弓十玈矢千 後人專輒加也

卣 音酉 又音由 爾雅云 卣中尊也

戎輅之服也 二輅各有服也 彤

弓一彤矢百旅弓十旅矢千 彤赤弓旅

黑弓也 弓一矢百則矢千弓十矢

諸侯賜弓矢然後專征伐之也

秬鬯一卣 秬黑黍鬯香酒也 所以降神卣器名也 虎

賁三百人曰王謂叔父敬服王命

以綏四國糾逖王慝 逖遠也 有慝

於王者糾而

以綏四國糺逖〔勑歷反〕王慝〔他得反惡也〕於王者糺而逖之也

晉侯三辭從命曰重耳敢再拜稽首〔息暫反又如字後例放此〕奉揚天子之丕顯休命

稽首〻至地也丕大休美也

受策以出〻入三覲

出入猶去來也從來至去凡三見王也

衛侯聞楚師敗懼出奔楚遂適陳

自襄牛出也

使元

使攝君事並如字或讀連上奉字為句使云所吏反非也

殛紀力反本又作極誅也

俾下是同本亦作卑必尔反

敗懼出奔楚遂適陳出也使元咺奉叔武以受盟奉使攝君事也癸亥王子虎盟諸侯于王庭踐土王宮之庭也書踐土別於京師也要言曰皆奬王室無相害也有渝此盟明神殛之俾隊其師無克祚國奬助也渝變也殛誅也俾使也隊隕也克能也

無克祚國俾使也墜隕也克能也

及而玄孫無有老幼君子謂是盟

也信合義信也謂晉於是役也能以德

攻以文德教民而後用之也初楚子玉自為瓊

弁玉纓未之服也弁以鹿子皮為之瓊玉之別名

次之以飾弁及纓也詩云繪弁如星也先戰夢河神

詩云繪弁如星也先戰夢河神

謂己曰畀余ゝ賜女孟諸之麋

宋藪澤也水草之交曰麋也弗致也大心与子

西使榮黃諫大心子玉之子ゝ西子玉之族也ゝ玉剛愎

故曰榮黃ゝ榮季也弗聽榮季曰死而國

利猶或為之況瓊玉乎是糞土也

利猶或爲之況瓊玉乎是糞土也

而可以濟師將何愛焉因神之欲以附百姓之願濟師之理也弗聽出告二子曰非神

敗令尹〻〻其不勤民實自敗也盡心盡力無所愛惜爲勤之也既敗王使謂之曰

大夫若入其若申息之老何申息二邑

縊　一賜及一　於計　及

大夫若入其若申息之老何二邑
子弟皆從子玉而死言何以見其父老也子西孫伯曰
得臣將死二臣止之曰君其將以
為戮也孫伯即大心子玉子也二子以此荅王使言欲令子
玉往就君戮也及連穀而死至連穀王無赦命故自殺
也文十年傳曰城濮之役王使止子玉曰無死不及子西亦自縊

縊（一賜反一云於計反）

子玉曰無死不及子西亦自殺縊而縣絕故得不死王時別遣追前使止之連穀楚地也然得臣經在踐土盟上傳在下者說晉事畢而次及楚屬文之宜之也晉侯聞之而後喜可知也喜見於顏色也曰莫余毒也已蔿呂臣實為令尹奉己而已不在民矣言其自守無大志也或訴元咺於

從（才用反又如字）

不在民矣 無大志也 或訴元咺於衛侯曰立叔武矣其子角從公〻使 從才用反又如字 殺之 角元咺子也 咺不廢命奉夷叔以 入守 守手又反 夷謚也 六月晉人復衛侯 以叔武受盟於踐土故聽衛侯歸也 聽吐丁反 甯武子與衛人盟于 甯 宛濮 宛於阮反 武子甯兪也 兪羊朱反 陳留長垣縣西南有宛亭近濮水也 曰

牧圉　方目反　養牛曰牧　養馬曰圉

衷　丁仲反　下ゝ

宛濮西南有宛亭近濮水也曰

天禍衛國君臣不協以及此憂也

衛侯欲与楚國人不欲故不和也今天誘其衷中也

使皆降心以相從也不有居者

誰守社稷不有行者誰扞牧圉牛曰牧馬曰圉

不協之故用昭乞盟于爾大

曰圉不協之故用昭乞盟于爾大
神以誘天衷自今日以往既盟之
後行者無保其力居者無懼其罪
其有渝此盟以相及也以惡相及也明
神先君是糺是殛國人聞此盟也
而後不貳傳言甯武之賢甯俞之忠衛侯所以書復歸之

而後不貢忠衞侯所以書復歸之也

衞侯先期入不信叔武也甯子先長牂守門以為使也与之乘而入長牂衞大夫也甯子患公之欲速故先入欲安喩國人之也公子歂犬華仲前驅衞侯遂驅奄甯子未備也二子衞大夫也叔武將沐聞君至喜捉髮走出

也

叔武將沐聞君至喜捉髮走出前驅射而殺之公知其無罪也枕之股而哭之以叔武尸枕其股也歂犬走出手射叔武故也公使殺之元咺出奔晉元咺以衛侯驅入殺叔武故至晉愬之也城濮之戰晉中軍風于澤牛馬因風而走皆失之亡大旆

章然反尒雅云因章曰旌

中軍風于澤陸皆失之亡大旆
之左旃大旆旗名也繫旐曰旆通帛曰旃祁瞞奸
命掌此二事而不循爲奸軍命也司馬殺之以徇
于諸侯使茅茷代之師還壬午濟
河舟之僑先歸士會攝右權以代舟之僑
也士會隨武子士蔿之孫之也秋七月丙申振旅

章然反介雅云因章曰旃　莫干反　枝廢反

士蔿之孫之也秋七月丙申振旅
凱以入于晉凱樂也獻俘授馘飲至
大賞授數也獻楚俘於廟之也徵會討貳徵召諸侯
將冬會於溫也殺舟之僑以徇于國民於
是大服君子謂文公其能刑矣三
罪而民服三罪顛頡祁瞞舟之僑也詩云惠此

罪而民服瞞舟之僑也詩云惠此中國以綏四方不失賞刑之謂也詩大雅也言賞刑不失則中國受惠四方安靜之也冬會于溫討不服也討衛許也衛侯與元咺訟爭殺叔武事也甯武子為輔鍼莊子為坐士榮為大士〻〻治獄官也周礼命夫命婦不躬坐獄訟元咺又不宜與其臣對坐故使鍼莊

士榮為大士命婦不躬坐獄訟元
咺不直与其者對坐故使鍼莊
子為主又使衛之忠臣及其獄官
質正元咺也傳曰王叔之宰与伯
輿之大夫坐獄於王庭各不身親
蓋令長吏有罪先　衛侯不勝辭屈
驗吏卒之義也
也　殺士榮刖鍼莊子謂甯俞忠而
免之執衛侯歸之于京師寘諸深

免之執衛侯歸之于京師寘諸深室ゝゝ別為囚室也甯武子職納橐饘焉甯俞以君在幽隘故親以衣食為己職橐衣囊饘糜也言其忠至所慮者深也元咺歸于衛立公子瑕ゝ衛公子適也是會也晉侯召王以諸侯見且使王狩晉侯大合諸侯而欲尊事天子以為名義自嫌彊大

使王狩天子以爲名義自嫌強大
不敢朝周喩王出狩因得盡羣仲
臣之礼皆諱而不正之事也
尼曰以臣召君不可以訓故書曰
天王狩于河陽言非其地也使若天王
自狩以失地故書河陽且明德也
實已屬晉非王狩地也
隱其召君之闕欲以明晉之功德
也河陽之狩趙盾之弑泄冶之罪

也河陽之狩趙盾之弒泄冶之罪

如三叔犯
作佹九
委反

皆違凡變例以起大義危疑之理故將稱仲尼以明之也

壬申公朝于王所執衛侯經在朝王下傳在上者告執晚也

丁丑諸侯圍許十月十五日有日無月也

晉侯有疾曹伯之豎侯獳貨筮史豎掌通外內者筮史晉史也

貨亥反注又古買反

使曰以曹為解以滅曹為解故

齊桓公為會而封異姓

史晉史也使曰以曹爲解爲解故
也齊桓公爲會而封異姓封邢衛也
今君爲會而滅同姓曹叔振鐸待洛反文之
昭也叔振鐸曹始封君文王之子也先君唐叔武
之穆也且合諸侯而滅兄弟非禮
也與衛偕命俱許復曹衛也而不與偕復

也与衛偕命　曹衛也　而不与偕復
非信也同罪異罰非刑也　衛已復故也
礼以行義信以守礼刑以正耶舍　邪　似嗟反
此三者君將若之何公說復曹伯
遂會諸侯于許晉侯作三行以禦
狄荀林父將中行屠擊將右行先

狄。荀林父將中行。屠擊將右行。先
蔑將左行。晉置上中下三軍。今復
增置三行。以避天子六
軍之名也。三行無
佐。疑大夫帥也。

經廿有九年春。介葛盧來。介東夷國
也。在城陽
黔陬縣。葛盧介君名也。不稱朝。不
見公。且不能行朝禮。雖不見公。國
人賓禮之。公至自圍許。無傳。夏六月
故書也。

故書也

公至自圍許傳夏六月會王人晉人宋人齊人陳人蔡人秦人盟于翟泉今洛陽城内大倉西南池水也魯侯諱盟天子大夫諸侯大夫又違禮盟公侯王子虎違例下盟故不言公會又皆稱人也

秋大雨雹冬介葛盧来

傳廿九年春介葛盧来朝舍于昌衍

傳廿九年春介葛盧來朝舍于昌衍（以善反）之上（魯縣東南有昌平城）公在會饋（其媿反）之芻（初俱反）米禮也（嫌公行不當致饋故曰禮也）夏公會王子虎晉狐偃宋公孫固齊國歸父陳轅濤塗秦小子憖（魚覲反）盟于翟泉尋踐土之盟且謀伐鄭也（經書蔡人而傳無名氏卿

土之盟且謀伐鄭也　傳無名氏即
藪者也秦小子憖在蔡
者若宋向戌之後會也　下卿不書
罪之也晉侯始霸翼戴天子諸侯
緝睦王室無虞而王子虎
下盟列國以瀆大典諸侯大夫上
敵公侯虧禮傷教故貶諸大夫諱
公与盟之也
在禮卿不會公侯會伯子
男可也
大國之卿當小國之君故
可以會伯子男也諸卿之

男可也可以會伯子男也諸御之見賤亦無有此闕秋大雨雹為災故傳重發〔直用反〕之也冬介葛盧来以未見公故復〔扶又反〕来朝礼之加燕好〔呼報反注同〕燕ゝ礼也好ゝ貨也一歳再来故加之也介葛盧聞牛鳴曰是生三犧〔許宜反〕皆用之矣其音云問之而信傳言人聽或通

用之矣其音云問之而信聽或通

鳥獸之

情也

經卅年春王正月夏狄侵齊秋衛殺

其大夫元咺及公子瑕稱名者訟咺見殺

君求直又先歸立公子瑕非國人

所与罪之也瑕立經年未會諸侯

故不稱

君也

衛侯鄭歸于衛魯為之請

故從諸侯

内之例

成十八年傳云諸侯納之曰歸

君也
衛侯鄭歸于衛故從諸侯納之例〻在成十八年也
晉人秦人圍鄭晉軍函陵秦軍氾南各使微者圍鄭故稱人也
介人侵蕭無傳
冬天王使宰周公來聘周公天子三公兼冢宰者也
公子遂如京師遂如晉如京師也報宰周公也

也十九

傳卅年春晉人侵鄭以觀其可攻与否狄間晉之有鄭虞也夏狄侵齊〻晉与國迯也十九晉侯使醫衍酖衛侯衍醫名也晉侯實怨衛侯欲殺而罪不及死故使醫因治疾而加酖毒也十九寗俞貨醫使薄其酖不死寗俞視衛侯衣食故得

口

千偽反注ゝ

俞貨醫使薄其酖不死衣食故得
知也公為之請納玉於王与晉侯皆
十穀王許之雙玉曰穀公本与衛同好故為之請之也
秋乃釋衛ゝ侯ゝ使賂周歂冶廑
曰苟能納我吾使爾為卿恐元咺距已故
賂周冶也周冶殺元咺及子適子儀

□□周冶殺元咺及子適子儀
冶也
瑕毋弟也不公入祀先君周冶既
書殺賤也
服將命服卿服將周歂先入及門
入廇受命
遇疾而死冶廑辭卿見周歂死
而懼之也
月甲午晉侯秦伯圍鄭以其無禮
於晉文公亡過鄭且貳於楚也晉
不禮之也

於晉不礼之也且貳於楚也晉
軍函陵秦軍氾南此東氾也在滎陽中牟縣南也
佚之狐言於鄭伯曰國危矣若使
燭之武見秦君師必退佚之狐燭之武皆鄭
大夫也公從之辭曰臣之壯也猶不
如人也今老矣無能為也已公曰吾

如人也今老矣無能爲也。公曰吾
不能早用子今急而求子是寡人
之過也然鄭亡子亦有不利焉許
之夜縋而出 縋懸城而下也 見秦伯曰秦
晉圍鄭〻既知亡矣若亡鄭而有益
於君敢以煩執事 執事亦謂秦也 越國以

於君敢以煩執事〔執事謂秦也〕越國以

鄙遠君知其難也〔設得鄭以為秦邊邑則越晉而難保也〕焉用亡鄭以陪鄰〔陪益也〕鄰之

厚君之薄若也舍鄭以為東道主

共　古本亦作供

行李之往来供其乏困〔行李使人也〕君

亦無所害且君嘗為晉君賜矣許

亦無所害且君嘗爲晉君賜矣許
君焦瑕朝濟而夕設版焉君之所
知也　晉君謂惠公也焦瑕晉河外
五城之二邑也朝濟河而夕
設版築以距秦
言背秦之速也　夫晉何厭之有既
東封鄭又欲肆其西封　封疆也肆申也　不
闕秦將焉取之闕秦以利晉唯君

闕秦將焉取之闕秦以利晉唯君
圖之秦伯説與鄭人盟使杞子逢
孫楊孫戍之乃還　三子秦大夫也反爲鄭守也
子犯請擊之公曰不可微夫人之
力不及此　請擊秦也夫人謂秦穆公也　因人之
力而敝之不仁失其所與不知以

敝

敝
力而敝之不仁失其所與不知以
乱易整不武（秦晉和整而還相攻更為乱也）吾其
還也亦去之初鄭公子蘭出奔晉
（蘭鄭穆公也）從於晉侯伐鄭請無與圍
鄭許之使待命于東（晉東界也）鄭石甲
父侯宣多逆以為大子以求成于

文傳宣多逆以為大子以求成于
晉〻人許之（二子鄭大夫也言穆公所以立也）冬
王使周公閱来聘饗有昌歜白黑
形鹽（昌歜昌蒲葅白熬稻黑熬黍也形鹽形象虎也）辭
曰國君文足昭也武可畏也則有
備物之饗以象其德薦五味羞嘉

偹物之饗以象其德薦五味羞嘉
穀鹽虎形嘉穀熟稻黍也以象其文也鹽虎形以象武也
以獻其功吾何以堪之東門襄仲
將聘于周遂初聘于晉公既命襄仲聘周未
行故曰將又命自周聘晉故曰遂
自入春秋魯始聘晉故曰初也
經卅有一年春取濟西田晉分曹田以賜魯故

公羊說三望大山河海也鄭玄諸淮海岱也杜謂分野星國中山川

然世不有一邑者取濟西田以賜魯故
不繫曹不用
師徒故曰取公子遂如晉夏四月
四卜郊不從乃免牲龜曰卜不從
不吉也卜郊
不吉故免牲
也兕猶縱也猶三望三望分野之
星國中山川
也皆曰郊祀望而祭之魯廢郊天
而循其小祀故曰猶猶者可上之
辭秋七月冬杞伯姬來求婦無傳
也自為
其子成

也秋七月冬杞伯姫来求婦自為其子成婚也狄圍衛十有二月衛遷于帝丘避狄難也帝丘今東郡濮陽縣也故帝顓頊之虚故曰帝丘

傳

卅一年春取濟西田分曹地也卄八年晉文討曹分其地境界未定至是乃以賜諸侯也使臧文

未定至是乃以賜諸侯也使臧文
仲往宿於重館高平方與縣西北有重館城重
館人告曰晉新得諸侯必親其共
不速行將無及也從之分曹地自
洮以南東傅于濟盡曹地也
文仲不書諸田而已非卿享會同
也濟水自滎陽東過魯之西至樂
安入

也濟水自滎陽東過魯之西至樂安入海

襄仲如晉拜曹田也夏四月

四卜郊不從乃免牲非禮也諸侯不得

郊天魯以周公故得用天子礼樂故郊爲魯常祀也猶三望

亦非礼也礼不卜常祀必其時也而卜

其牲日卜牲與日知吉否也牛卜日曰牲既得

其牲日知吉否也牛卜日曰牲得
吉日則牛改名曰牲也牲成而卜郊上怠慢
也怠於古典慢瀆龜策也望郊之細也不郊
亦無望可也秋晉蒐于清原作五
軍以禦狄也廿八年晉作三行今
罷之更為上下新軍
也河東聞喜縣北有清原趙衰為卿廿七年命
趙衰為卿

縣比有清原趙衰爲卿趙衰爲卿
讓於欒枝今始從原冬狄圍衛衛
大夫爲新軍帥也
遷于帝丘卜曰三百年衛成公夢
康叔曰相奪予享相夏后啓之孫
也居帝丘享祭
也公命祀相甯武子不可曰鬼神
非其族類不歆其祀歆猶饗食也杞鄫何
己非其

非其族類不歆其祀（饗食也　許金反）杞鄫何
事（言杞鄫夏後自當祀相也）相之不享於此久
矣非衛之罪也（言帝丘久不祀相非衛所絕也）不
可以間成王周公之命祀（諸侯受命各有
常祀也）請改祀命（改祀相之命也）鄭洩駕惡
公子瑕鄭伯亦惡之故公子瑕出

公子瑕鄭伯亦惡之故公子瑕出奔楚瑕文公子傳爲納瑕張本也

泄駕亦鄭大夫也隱五年泄駕距此九十年非一人也

經卅有二年春王正月夏四月己丑

鄭伯捷卒無傳文公也三同盟

衛人侵狄報前年狄圍衛也

秋衛人及狄盟不地者就狄廬帳盟

在妾反　疑非一人才　力於反　張亮反

衛也 也 秋衛人及狄盟 狄廬帳盟（廬 力於反　帳 張亮反）

冬十有二月己卯晉侯重耳卒 同盟踐土 翟泉也

傳卅二年春楚鬭章請平于晉晉陽處父報之晉楚始通也 陽處父晉大夫也晉楚自春秋已來始文使（所吏反）命為和同也

夏狄有亂衛人

窆　彼檢反　一本作塗

文使命為和同也　夏狄有乱衛人侵狄〻請平焉秋衛人及狄盟冬晉文公卒庚辰将殯于曲沃殯窆棺也曲沃有舊宮焉出絳柩有聲如牛如牛呴聲卜偃使大夫拜曰君命大事将有西師過軼我撃之必大捷焉聲自柩出故曰

師過軼我擊之必大捷焉聲自……出故曰
君命也大事戎事也卜偃聞秦
密謀故曰極聲以正衆心也杞
子自鄭使告于秦卅年秦使大夫杞子戍鄭曰
鄭人使我掌其北門之管管籥也若
潛師以來國可得也穆公訪諸蹇
叔蹇叔曰勞師以襲遠非所聞也

叔蹇叔曰勞師以襲遠非所聞也

蹇叔秦大夫也　師勞力竭遠主備之無乃

不可乎師知所為鄭必知之勤而

無所必有悖心　將害良善也　且行千里

其誰不知公辭爲　辭不受其言也　召孟明

西乞白乙使出師于東門之外　孟明

孟子本或作孟

西乞白乙使出師于東門之外百里孟明視也西乞〻〻術也白乙〻〻丙也蹇叔哭之曰孟子吾見師之出而不見其入也公使謂之曰爾何知中壽爾墓之木拱矣合手曰拱言其過老悖不可用也蹇叔之子與師哭而送之曰晉人禦師

澠 縣吾反 又縣忍反

辟 音避 本作避

嶔 許金反 又音欽 本或作嶔 力金反

之子與師哭而送之曰晉人禦師

必於殽殽在弘農澠池縣西殽有二陵焉大阜

曰陵其南陵夏后皋之墓也皋夏桀之祖父

也其北陵文王之所避風雨也此道

在二殽之閒南谷中谷深委曲兩

山相嶔故可以辟風雨古道由此

魏武帝西討漢中惡其

險而更開北山高道也必死是閒

殽 本又作淆 戶交反 劉昌宗音豪

西討巴漢

干偽反

險而更開北山高道也以死是闇以其深險故也余收爾骨焉秦師遂東爲明年晉敗秦于殽傳也

經

卅有三年春王二月秦人入滑滅而書入不能有其地也齊侯使國歸父來聘夏四月辛巳晉人及姜戎敗秦師于

晉侯諱背喪用兵故通以賤者

四月辛巳晉人及姜戎敗秦師于殽晉侯諱背喪用兵故通以賤者告也姜戎姜姓之戎居晉南鄙戎子駒支之先也晉人角之諸戎掎之不同陳故言及也癸巳葬晉文公狄侵齊公伐邾取訾婁秋公子遂師師伐邾晉人敗狄于箕大原陽邑縣南有箕城郤缺稱人者未為卿也冬十月

箕郤缺稱人者未爲卿也冬十月

公如齊十有二月公至自齊乙巳

公薨于小寢小寢内寢也乙巳十一月十二日經書十二月誤也

隕霜不殺草李梅實無傳書時失也周十一月今九月霜當微而重々而不能殺所以爲灾也

晉人

陳人鄭人伐許

陳人鄭人伐許

傳卅三年春秦師過周北門左右免胄而下王城之北門也胄兜鍪也兵車非大將御者在中故左右下御不下也超乘者三百乘王孫滿尚幼觀之言於王曰秦師輕而無禮必敗謂過天子門不卷甲束兵超乘示勇也輕則

礼敗　束兵超乘示勇也　輕則

寡謀無礼則脫　脫易也　以豉反　他活反也　入險而脫又

弗能謀能無敗乎及滑鄭商人弦

高將市於周遇之以乘韋先牛十

二犒師　苦報反　商人行賈也乘四韋也先韋乃入牛也古者將獻遺

於人必有以先之　曰寡君聞吾子將步師出

步　師步猶行也

歩師歩行也

以芇之曰寡君聞吾子將歩師出於敝邑敢犒從者不腆敝邑為從者之淹則具一日之積腆厚也淹久也積芻米菜薪也行則備一夕之衛且使遽告于鄭遽傳車也鄭穆公使視客館視秦三大夫之舍也則束載厲兵秣馬矣嚴兵待秦師也

秣穀馬也説文作䬴云食馬

也說文作餘云食馬穀也

閒　ㄔ閑　注〻

舍也　則束載厲兵秣馬矣　秦師也
使皇武子辭焉曰吾子淹久於敝
邑唯是脯資餼牽竭矣　資糧也生曰餼牽謂
牛羊豕也　為吾子之將行也　示知其情也　鄭
之有原圃猶秦之有具囿也　原圃具囿
皆囿名也　吾子取其麋鹿以閒敝邑若
使秦戍自取麋鹿以爲行資令

名也

吾子取其麋鹿以閒敝邑若何使秦戍自取麋鹿以為行資令敝邑得閒暇也若何猶何如也

滎陽中牟縣西有圃田澤也

杞子奔齊逢孫楊孫奔宋孟明曰鄭有備矣不可冀也攻之不克圍之無繼吾其還也滅滑而還齊國莊子來聘自郊勞

臧滑而遲齊國莊子来聘自郊勞
至于贈賄礼成而加之以敏逆来日郊
勞送去日贈賄
敏審當於事也臧文仲言於公曰
國子為政齊猶有礼君其朝焉臣
聞之服於有礼社稷之衛也為公如齊
傳也
晉原軫曰秦違蹇叔而以貪勤

也

晉原軫曰秦違蹇叔而以貪勤
民天奉我也奉與奉不可失敵不
扶用反注及下同也
可縱ゝ敵患生違天不祥必伐秦
子用反下同
始豉反注及下同
師欒枝曰未報秦施而伐其師其
為死君乎言以君死故忘秦施也先軫曰秦
不哀吾喪而伐吾同姓秦則無礼

不哀吾喪而伐吾同姓秦則無礼何施之為言秦以无礼加己施不足顧也吾聞之一日縱敵數世之患也謀及子孫可謂死君乎言不可謂背君也遂發命遽興姜戎子墨衰絰晉文公未葬故襄公稱子以凶服從戎故墨之也梁弘御戎萊駒為右夏四

墨之也梁弘御戎萊駒為右夏四
月辛巳敗秦師于殽獲百里孟明
視西乞術白乙丙以歸遂墨以葬
文公晉於是始墨後遂常以為俗
記礼所由變也
文嬴請三帥文嬴晉文公始適秦
穆公所妻夫人襄
公嫡母也三
帥孟明等也曰彼實構吾二君寡

帥孟明等也曰彼實構吾二君寡
君若得而食之不厭君何辱討焉
使歸就戮于秦以逞寡君之志若
何公許之先軫朝問秦囚公曰夫
人請之吾舍之矣先軫怒曰武夫
力而拘諸原婦人暫而免諸國暫猶

力而拘諸原婦人暫而免諸國猶
卒也隨軍實而長寇讎亡无日矣墮毀
也不顧而唾公使陽處父追之及
諸河則在舟中矣釋左驂以公命
贈孟明欲使還拜謝因而執之也孟明稽首曰
君之惠不以纍臣釁鼓纍囚繫也殺人以血
塗鼓謂之

君之恵不以傫臣釁鼓殺人以血
塗鼓謂之釁鼓也使歸就戮于秦寡君之以
為戮死且不朽若從君恵而免之
三年将拜君賜意欲報秦伐晉也秦伯素服
郊次待之於郊也郷師而哭曰孤違蹇
叔以辱二三子孤之罪也不替孟

外以辱二三子孤之罪也不替孟
明曰孤之過也大夫何罪且吾不
以一眚掩大德眚過也狄侵齊因晉
喪也公伐邾取訾婁以報升陘之
役在廿二年邾人不設備秋襄仲復伐
邾魯亦因晉喪以陵小國也秋伐晉及箕八月

邾以陵小國也狄伐晉及箕八月
戊子晉侯敗狄于箕郤缺獲白狄
子白狄狄別種也故西河郡有白部胡先軫曰匹夫
逞志於君謂不顧而唾也而無討敢不自
討乎免冑入狄師死焉狄人歸其
元元首也面如生言其有異於人也初臼季

大本文作鉏　仕居反

元　也　面如生　於人也　初臼季

使過冀見冀缺耨其妻饁之臼季胥臣

也冀晉邑也耨鉏也野饋曰饁敬相待如賓與之

歸言諸文公曰敬德之聚也能敬

必有德〻以治民君請用之臣聞

之出門如賓　如見大賓也　承事如祭　常謹

之出門如賓賓也承事如祭謹敬也仁之則也公曰其父有罪可乎缺父冀芮欲殺文公在廿四年對曰舜之罪也殛鯀誅也其舉也興禹禹鯀子也管敬仲桓公之賊也實相以濟康誥曰父不慈子不祗兄不友弟不共不相及也

（葑芳逢反）

子不祗兄不友弟不共不相及也
康誥周書也祗敬也詩曰采葑采菲（芳匪反）無以下
體若取節爲可也詩國風也葑菲之菜上善下惡
食之者不以其惡而棄其善言可取其善節也文公以爲
下軍大夫反自箕襄公以三命命
先且居將中軍且居先軫之子也其父死敵故進之
之

先且居將（子徐反）中軍（子匠反）　其父死敵故進之

也　以再命〻先茅之縣賞胥臣曰

舉郤缺子之功也　先茅絶後故取

也　其縣以賞胥臣

以一命〻郤缺為卿復與之冀　扶又反重也又音服還也

還其父故邑也　亦未有軍行　雖登卿位未

有軍列也　戶剛反

冬公如齊朝且弔有狄師也　反薨于

冬公如齊朝且弔有狄閒。反薨于
小寢即安也　小寢夫人寢也譏公就所安不終於路寢
也
晉陳鄭伐許討其貳於楚也楚令
尹子上侵陳蔡陳蔡成遂伐鄭將
納公子瑕　卅一年瑕奔楚也　門于桔柣之門　桔戸結反　柣大結反
瑕覆于周氏之汪　覆芳服反注同　汪烏黄反　池也　車傾覆池中也　外僕
髡

瑕覆于周氏之汪中也外僕
髡屯禽之以獻致瑕以獻鄭伯也文夫人
斂而葬之鄶城之下鄭文公夫人也鄶城故鄶
國在滎陽密縣東北傳
言穆公所以遂有國也晉陽處父
侵蔡楚子上救之與晉師夾泜而
軍泜水出魯陽縣東經襄城定陵入汝陽子患之使

經　古經　本ナ
陳　直覲反　注ー
駕

軍經襄城定陵入汝陽子患之使
謂子上曰吾聞之文不犯順武不
違敵子若欲戰則吾退舍子濟而
陳欲避楚使渡成陳而後戰也遲速唯命不然
紓我紓緩老師費財亦無益也
為老也乃駕以待子上欲涉大孫伯

駕

也

乃駕以待子上欲涉大孫伯

曰不可晉人無信半涉而薄我悔

敗何及不如紓之乃退舍楚退欲

使晉渡

也陽子宣言曰楚師遁矣遂歸楚

師亦歸大子商臣譖子上曰受晉

賂而避之楚之恥也罪莫大焉王

乱脱葬僖公以下至二卷奧可讀加文元年傳葬僖公之注下但可讀錯此傳葬僖公三字矣注亦之意如此

賂所避之楚之恥也罰莫大焉王

殺子上（商臣怨子上止王立巳故譖之也）

葬僖公

但家本并古書无此説

緩（文公元年經書四月葬僖公僖公實以今年十一月薨并閏七月乃葬故傳云緩也自此以下遂因說作主祭祀之事文相次也皆當次在經葬僖公下今在此簡編倒錯也）

作主非礼也（文二年乃作主遂因葬文通譏之也）

凡君薨卒哭而

曰葬文通謚之也凡君薨卒哭而

祔ゝ而作主特祀於主既葬反虞則免喪故

曰卒哭ゝ止也以新死者之神祔

之於祖尸柩已遠孝子思慕故造

木主立几筵焉特用喪禮祭祀於

寢不同之於宗廟也言凡君者謂

諸侯已上不通於卿大夫烝嘗禘於廟冬祭曰烝秋祭

曰嘗新主既特祀於寢則宗廟四

時常祀自如舊也三年禮畢又大

禘

時常祀自姫舊也三年禮畢又大
禘乃皆同
於吉也

春秋卷第七

春秋經傳集解僖公下第七

經五千六百五十六字
注四千九百千字

本奥云
建長六年五月廿三日以參州之本
書寫并假返假點了

建長六年五月廿三日以參州之本
書寫并校迄移點了
本奥云
延久五四十七點了
治承四年十月廿三日授良別駕了　良別駕者良業也
在判　頼業判
建長六年六月七日以累家秘説
奉授洒掃少尹尊閤了此本素
有爛脱以為秘説而已
前參河守清原在判

前參河守清原在判

文永五年九月廿五日以
外記大夫本一校畢
本奥云　本奥云
治承四年十月廿三日校畢

治承四年十月廿三日校合

別寫畢　在御判

文永之年四月二日書寫了

散位清原直隆

文永之年五月十四日加朱

墨之點畢　在判

[illegible]

墨之點畢

文永五年十月廿日以家之

秘說授于越州刺史尊閤

了

朝請大夫清（花押）

一覧畢了　于時寛永十五年

戊寅季春下旬之候也